a força da
não violência

JUD

a força da não

BUT

violência

UM VÍNCULO ÉTICO-POLÍTICO

tradução
HECI REGINA CANDIANI

© desta edição, Boitempo, 2021
© Judith Butler, 2020

Traduzido do original em inglês *The Force of Nonviolence:
An Ethico-Political Bind* (Londres, Verso, 2020)

Direção-geral Ivana Jinkings
Edição Thais Rimkus
Tradução Heci Regina Candiani
Coordenação de produção Livia Campos
Assistência editorial Pedro Davoglio
Preparação Mariana Echalar
Revisão e índice Carolina Hidalgo Castelani
Capa Alex Gyurkovicz
Diagramação Natalia Aranda | Crayon Editorial

Equipe de apoio Artur Renzo, Camila Nakazone, Carolina Mercês, Débora Rodrigues, Elaine Ramos, Frederico Indiani, Heleni Andrade, Higor Alves, Ivam Oliveira, Jessica Soares, Kim Doria, Luciana Capelli, Marina Valeriano, Marcos Duarte, Marissol Robles, Marlene Baptista, Maurício Barbosa, Raí Alves, Tulio Candiotto

CIP-BRASIL. CATALOGAÇÃO NA PUBLICAÇÃO
SINDICATO NACIONAL DOS EDITORES DE LIVROS, RJ

B992f

Butler, Judith, 1956-
A força da não violência : um vínculo ético-político / Judith Butler ; tradução Heci Regina Candiani ; [prefácio de Carla Rodrigues]. - 1. ed. - São Paulo : Boitempo, 2021.

Tradução de: The force of nonviolence : an ethico-political bind
Inclui bibliografia e índice
pós-escrito
ISBN 978-65-5717-088-5

1. Filosofia. 2. Individualismo. 3. Não-violência - Aspectos morais e éticos. I. Candiani, Heci Regina. II. Rodrigues, Carla. III. Título.

21-71550

CDD: 179.7
CDU: 179.7

Leandra Felix da Cruz Candido - Bibliotecária - CRB-7/6135

É vedada a reprodução de qualquer
parte deste livro sem a expressa autorização da editora.

1ª edição: julho de 2021

BOITEMPO
Jinkings Editores Associados Ltda.
Rua Pereira Leite, 373
05442-000 São Paulo SP
Tel.: (11) 3875-7250 | 3875-7285
editor@boitempoeditorial.com.br
www.boitempoeditorial.com.br | www.blogdaboitempo.com.br
www.facebook.com/boitempo | www.twitter.com/editoraboitempo
www.youtube.com/tvboitempo | www.instagram.com/boitempo

"Sempre e em qualquer medida que houver espaço para o uso de armas, força física ou força bruta, ali e na mesma medida haverá muito menos possibilidade para a força da alma."
Mahatma Gandhi

"Hoje a escolha não é mais entre a violência e a não violência. É entre a não violência ou a não existência."
Martin Luther King Jr.

"O legado (da não violência) não é um legado individual, mas um legado coletivo de uma ampla população que se mantém unida, coesa, para afirmar que nunca se renderá às forças do racismo e da desigualdade."
Angela Davis

Sumário

Agradecimentos 9

Apresentação da edição estadunidense 11

Utopias atualizadas – *Carla Rodrigues* 13

Introdução 19

1. Não violência, direito ao luto e crítica ao individualismo 37

2. Preservar a vida de outrem 65

3. A ética e a política da não violência 89

4. Filosofia política em Freud: guerra, destruição, mania e capacidade crítica 121

Pós-escrito: repensando a vulnerabilidade, a violência e a resistência 143

Referências bibliográficas 157

Índice 165

AGRADECIMENTOS

Agradeço ao público e a interlocutores e interlocutoras que escutaram versões prévias destes capítulos nas Tanner Lectures, da Universidade Yale (2016), nas Gifford Lectures, da Universidade de Glasgow (2018), e nas Cuming Lectures, da University College Dublin (2019). Agradeço igualmente a ouvintes e colegas o engajamento crítico no Centro de Cultura Contemporânea de Barcelona, na Universidade de Zurique, no Instituto de Estudos Políticos de Paris (Science Po), na Universidade de Meiji em Tóquio, na Universidade Livre de Amsterdã, no Instituto de Filosofia e Teoria Social da Universidade de Belgrado, no Instituto de Investigação Social Crítica da New School for Social Research, no Wits Institute for Social and Economic Research (Wiser), da Universidade de Witwatersrand, na conferência "Psychology and the Other" em Cambridge (2015) e nos encontros da Modern Language Association (2014). Sou imensamente grata a meus alunos e minhas alunas da Universidade da Califórnia (Berkeley) e a colegas do Consórcio Internacional de Programas em Teoria Crítica, que mantiveram minha mente mais afiada do que seria normalmente. Como sempre, agradeço a Wendy Brown a prazerosa companhia de sua inteligência e seu apoio permanente.

Dedico este livro a uma amiga e estimada colega da Universidade da Califórnia, Saba Mahmood. Evidentemente, ela teria discordado de minha argumentação nesta obra, e eu teria apreciado o diálogo.

Os capítulos 2 e 3 são versões revisadas e ampliadas das Tanner Lectures apresentadas em 2016 no Whitney Humanities Center da Universidade Yale. O capítulo 4 foi publicado, em uma primeira conformação, em *The Oxford Handbook of Philosophy and Psychoanalysis*, editado por Richard G. T. Gipps e Michael Lacewing e publicado pela Oxford University Press, em 2019.

APRESENTAÇÃO DA EDIÇÃO ESTADUNIDENSE

Situando a não violência na encruzilhada do ético com o político, este livro dá destaque aos deveres éticos que emergem no campo de força da violência. Muitas vezes a não violência é confundida com uma prática passiva que emana de um lugar tranquilo da alma ou com uma ética individualista que tem certa relação irrealista com as formas existentes de poder. Aqui, porém, se defende uma forma agressiva de não violência que confronta a ambivalência psíquica e busca dar corpo aos ideais sociais de interdependência e igualdade. O ideal ético e político da não violência só pode ser compreendido em sua relação com o ideal de igualdade e a demanda pelo direito ao luto por meio de uma crítica ao individualismo. Nesta reflexão psicossocial e filosófica, baseada em Michel Foucault, Frantz Fanon, Sigmund Freud e Walter Benjamin, Butler argumenta que, na atualidade, opor-se à violência exige a compreensão de suas diferentes modalidades, entre elas, a regulação do direito ao luto. *A força da não violência* mostra como "fantasmas raciais e demográficos" se integram à lógica de imposição da violência pelo Estado e outras modalidades do "deixar morrer", infligindo a violência às pessoas mais expostas a seus efeitos e submetidas a seus poderes letais. A luta pela não violência é baseada em modos de resistência e movimentos a favor da transformação social que diferenciam a agressão de seus objetivos destrutivos a fim de afirmar os potenciais vivos da política igualitária radical.

Utopias atualizadas

Carla Rodrigues[1]

São políticos os próprios termos em que se faz política, desafiava a filósofa Judith Butler em 1990, na primeira edição de *Problemas de gênero*[2]. Ao longo desses mais de trinta anos, sua obra tem se construído em torno da performatividade como elemento que, mesmo quando não nomeado, permanece em sua escrita e suas formulações. É com essas duas chaves teóricas que proponho a leitura de *A força da não violência: um vínculo ético-político* como um livro que aborda mais uma vez a questão com a qual ela inaugura sua interpelação ao movimento feminista. Desde o título, a obra anuncia uma contradição performativa: afirmar que há força na não violência. À primeira vista, pode parecer mais ou menos óbvio que seja ético e político negar qualquer forma de violência. Mas é disso que Butler quer escapar quando se vale do termo "força", indicação de que pacifismo, aceitação ou resignação estão muito distantes da proposta de negação da violência. Aqui, poderíamos pensar a negação em termos freudianos, recorrendo a um método que ela mesma usa com frequência, o de tomar conceitos clínicos para pensar a política. A seguir por essa trilha, negar é afirmar de modo ainda mais contundente. Negar a violência seria também afirmá-la, desde que a serviço da proposição ético-política a favor da qual o livro argumenta.

---

[1] Professora de ética no Departamento de Filosofia da Universidade Federal do Rio de Janeiro (UFRJ), pesquisadora no programa de pós-graduação em filosofia do Instituto de Filosofia e Ciências Sociais (IFCS/UFRJ) e bolsista de produtividade da Fundação de Amparo à Pesquisa do Estado do Rio de Janeiro (Faperj), onde desenvolve o projeto "Judith Butler: do gênero à violência de Estado".

[2] Judith Butler, *Gender Trouble: Feminism and the Subversion of Identity* (Londres/Nova York, Routledge, 1990) [ed. bras.: *Problemas de gênero: feminismo e subversão da identidade*, trad. Renato Aguiar, Rio de Janeiro, Civilização Brasileira, 2003].

Está aqui a contradição performativa que me interessa destacar: há força e, acrescento, há a afirmação do poder da *não violência*, o que nos exige pensar formas de fazer oposição à violência de Estado fora dos próprios termos da violência de Estado, enunciado por ela na pergunta "O que conta como força?"[3]. Mais uma indicação da importância que a contradição do título carrega, a questão obriga um giro para fora do campo da violência e suas diferentes maneiras de legitimidade e justificação.

O livro que leitores e leitoras têm em mãos toma como ponto de partida um conjunto de questões presentes na obra da filósofa desde o início e, neste sentido, pode funcionar também como uma introdução ao pensamento de Butler. A seus ataques ao individualismo, à interdependência ética, ao direito ao luto e como a condição de enlutável confere valor à vida e à crítica à violência de Estado, inclusive em suas formas coloniais, é acrescentado um elenco de novos temas, como a proposição de contrarrealismo, articulada à função da imaginação, e a exigência de solidariedade global. Aqui, posso afirmar que a obra funciona também como continuação de *Caminhos divergentes*, edição original de 2012[4], cuja ênfase é na violência do Estado de Israel contra a Palestina, mas também em toda forma de violência de Estado que se vale do privilégio da violência, como o filósofo Walter Benjamin percebera no ensaio "Para uma crítica da violência", publicado em 1921 e retomado neste livro, de modo ora mais explícito, ora mais implícito[5].

Ainda que à primeira vista os dois livros editados pela Boitempo no Brasil possam parecer muito diferentes, há um importante fundo comum: o retorno à interpretação do mandamento "Não matarás", em torno do qual as duas obras orbitam. Não violência se articula em primeiro lugar ao "Não

---

[3]   Gostaria de agradecer aos integrantes do grupo de estudos em Judith Butler do laboratório Filosofias do Tempo do Agora (www.tempodoagora.org), com quem venho trabalhando neste livro desde 2020, numa interlocução fecunda para grande parte das ideias aqui discutidas, que também podem ser vistas numa série de apresentações em vídeo. Disponível em: <http://bit.ly/butlernaoviolencia>; acesso em: 14 jun. 2021. Nomeadamente, Ana Luiza Gussen, Beatriz Zampieri, Jade Arbo, Luís Felipe Teixeira, Manoela Caldas, Mariana Peixoto, Natália Rodrigues, Nathan Teixeira, Petra Bastone, Rafael Cavalheiro, Rafael Medeiros e Tássia Áquila.

[4]   Judith Butler, *Parting Ways: Jewishness and the Critique of Zionism* (Nova York, Columbia University Press, 2012) [ed. bras.: *Caminhos divergentes: judaicidade e crítica do sionismo*, trad. Rogério Bettoni, São Paulo, Boitempo, 2017].

[5]   Walter Benjamin, "Para uma crítica da violência", em Jeanne Marie Gagnebin, *Escritos sobre mito e linguagem* (trad. Susana Kampff Lages e Ernani Chaves, São Paulo, Editora 34, 2011).

matarás", convocado por ela, mas antes por Benjamin, Sigmund Freud, Emmanuel Lévinas e Jacques Derrida, como um mandamento que escapa do mero campo do direito para localizar-se como fundamento ético. É daí que Butler parte para sua proposição de vínculo entre ética e política e sua ligação com formas de luta não violentas. A reforçar seu argumento está o pós-escrito "Repensando vulnerabilidade, violência e resistência"[6], em que ela retoma, modificando, a questão inicial: se são políticos os próprios termos em que se faz política, quais são as consequências violentas de promover lutas por direitos mobilizando vulnerabilidades? Seria preciso admitir o paradoxo que há em exigir proteção das mesmas instituições que oferecem violência, o que termina por acentuar aquilo mesmo que se quer combater, como as marcações de gênero, sexualidade, raça e classe, para citar apenas as mais evidentes.

Talvez por isso, desde o título Butler tenha escolhido destacar a proposição de não violência, em voga entre diferentes feministas. Butler é uma filósofa que não pensa sozinha; bem ao contrário, está em interlocução permanente com movimentos sociais e outras autoras. O debate em relação a quem é o eu que tem direito à autodefesa se articula, por exemplo, com o livro da francesa Elsa Dorlin[7]. Butler se vale do intraduzível problema da autodefesa (*self-defense*, defesa do eu, mas também a figura da legítima defesa no campo do direito) para indicar o que nomeia como um dos principais objetivos do livro, qual seja, questionar que a violência exercida em nome da autodefesa é legítima[8]. O problema está no fato de que, em todas as tradições do direito, a figura da "legítima defesa" é garantida como forma de violência. Butler cria uma imensa perturbação a essa ideia quando argumenta que um eu está sempre ligado a outro: não posso me defender do outro sem cometer uma violência também contra mim.

---

[6] Judith Butler, Zeynep Gambetti e Leticia Sabsay (orgs.), *Vulnerability in Resistance* (Durham, Duke University Press, 2016).

[7] Elsa Dorlin, *Se défendre: une philosophie de la violence* (Paris, La Découverte, 2017) [ed. bras.: *Autodefesa: uma filosofia da violência*, trad. Jamille Pinheiro Dias e Raquel Camargo, São Paulo, Ubu/Crocodilo, 2020].

[8] Neste aspecto, refiro-me à pesquisa de Ana Luiza Gussen (PPGF/IFCS/UFRJ), que trabalha com a relação entre os termos *self*, si mesmo e o prefixo "auto", do termo autodefesa, a partir dos problemas de tradução indicados por Barbara Cassin, "To, Auto, H(e)auto, to Auto: The Construction of Identity in Greek", em Barbara Cassin et al, *Dictionary of Untranslatables: A Philosophical Lexicon* (Princeton, Princeton University Press, 2014).

Partir da impossibilidade da separação entre eu e o outro é, de certa forma, voltar ao Hegel de sua tese de doutorado[9] e ainda fazê-lo conversar com Freud e Melanie Klein, como acontece no capítulo 2, "Preservar a vida de outrem". É parte do aprofundamento do tema da interdependência ética e do argumento de que o eu a que o individualismo se refere não existe. Daí a necessidade de discutir quem esse eu representa, quão abrangente é a noção de eu a que se refere a autodefesa e, mais ainda, assim como nem toda vida é enlutável, indicar que nem todo eu tem força para exercer a direito à autodefesa, proposição em consonância com Dorlin. Também na França, o problema comparece em outra filósofa feminista, Hourya Bentouhami-Molino[10], que discute a não violência no âmbito do enfrentamento do estado pós-colonial e sua relação violenta com a população oriunda das ex-colônias.

As formas de violência em relação a imigrantes e refugiados, tão frequentemente criticadas por Butler, conversam com as proposições da filósofa italiana Adriana Cavarero, autora do importante *Horrorism: Naming Contemporary Violence*[11] e com quem a estadunidense acaba de publicar *Toward a Feminist Ethics of Nonviolence*[12]. Em diálogo com Cavarero, e de novo recorrendo a Benjamin, Butler discute o poder da nomeação. Em parte, o problema da violência decorre de identificar quem tem força de nomear o que está dentro ou fora do campo da violência legítima. Estamos, de novo, no lugar dos paradoxos: quando falar é fazer, recusar o campo da violência pode ser também esvaziar o poder daqueles que têm a força de dizer quem é – e pode ser – violento.

Em termos de método, Butler reproduz neste livro a decisão de se valer de conceitos da teoria psicanalítica e da leitura muito particular que faz da obra de Freud. "Vou da compreensão psicanalítica à compreensão social da interdependência, estabelecendo as bases para uma prática da não violência dentro de um novo imaginário igualitário", escreve à página 52, explicitando, para quem ainda não pôde compreender, a importância da psicanálise em sua filosofia política ou, se quisermos fazer uma provocação, a importância da

---

[9] Judith Butler, *Subjects of Desire: Hegelian Reflections in Twenty-Century France* (2. ed., Nova York, Columbia University Press, 1999).

[10] Hourya Bentouhami-Molino, *Dépôt des armes (Le): non-violence et désobéissance civile* (Paris, PUF, 2015).

[11] Adriana Cavarero, *Horrorism: Naming Contemporary Violence* (Nova York, Columbia University Press, 2008).

[12] Adriana Cavarero, Judith Butler e Bonnie Honig, *Toward a Feminist Ethics of Nonviolence* (Nova York, Fordham University Press, 2021).

filosofia política em sua psicanálise. É por essa via que virá a interpretação dos fenômenos de identificação com líderes populistas e violentos, tal qual ela discute a partir de Freud no capítulo 4: "Na medida em que aqueles que seguem o tirano louco identificam-se com seu desprezo deliberado pela lei e por qualquer limite imposto a seu poder e sua capacidade destrutiva, o movimento contrário deve se basear na desidentificação" (p. 133). O objetivo do processo e do trabalho de desidentificar é defender outra vida, uma vida futura, já não mais exposta à violência.

Chegamos, assim, ao que há de mais instigante no livro de Butler: a recuperação do significante *utopia*, que parecia gasto, abandonado ou subsumido às experiências distópicas cotidianas. São apenas quatro entradas em quase duzentas páginas, mas chamam atenção. Associada às propostas de igualdade radical e solidariedade global, a utopia evocada por Butler parte da concepção de contrarrealismo – presente em diferentes autores e autoras pelo menos desde as proposições de Mark Fisher e seu provocador *Realismo capitalista*[13] – e convoca a potência da imaginação, porque só a partir do exercício de imaginar outros mundos possíveis será viável viver de forma não violenta ou, dito de outro modo, será possível pensar a violência para fora do campo da violência de Estado tal qual a conhecemos[14].

Estamos de volta à crítica à violência de Estado, tema butleriano por excelência, presente de maneira mais explícita a partir de *O clamor de Antígona*[15], livro em que trata de discutir as formas com que Antígona confronta o poder de Creonte e com o qual ela inaugura, no início do século XXI, sua abordagem original a temas tradicionais da filosofia política. A originalidade estaria na insistência em manter os problemas de gênero dentro do campo ético-político, ali mesmo onde muitos comentadores e comentadoras preferiram ignorá-los. Desde *Problemas de gênero* ela vem criticando as "ficções fundacionistas"[16],

---

[13] Mark Fisher, *Realismo capitalista. É mais fácil imaginar o fim do mundo do que o fim do capitalismo?* (trad. Rodrigo Gonsalves, Jorge Adeodato e Maikel da Silveira, São Paulo, Autonomia Literária, 2020).

[14] Para mais sobre o tema da imaginação, ver Victor Galdino, "Criador, autor, proprietário: das imagens que somos à partilha do imaginário" (tese de doutorado em filosofia, Rio de Janeiro, UFRJ, 2018).

[15] Judith Butler, *Antigone's Claim: Kinship Between Life and Death* (Nova York, Columbia University Press, 2000) [ed. bras.: *O clamor de Antígona: parentesco entre a vida e a morte*, trad. André Checinel, Florianópolis, Editora da UFSC, 2014].

[16] Judith Butler, *Problemas de gênero*, cit., p. 20.

que aqui reaparecem com as instigantes provocações à figura solitária e autossuficiente de Robinson Crusoé, um homem adulto que encarna o "estado de natureza" sem nunca ter dependido de cuidados de alguém. "A tese que oponho à hipótese do estado de natureza é que nenhum corpo pode sustentar-se por si mesmo", escreve na página 52. Lançado nos Estados Unidos em fevereiro de 2020 – um mês antes da OMS declarar a pandemia da covid-19 –, as propostas deste livro se mostraram indispensáveis em um mundo em que a necessidade de praticar a solidariedade global teorizada por Butler tornou-se concreta, cotidiana e traço distintivo entre vida e morte.

Introdução

A defesa da não violência encontra reações céticas em todo o espectro político. Na esquerda, há quem afirme que apenas a violência tem o poder de provocar transformações sociais e econômicas e há quem afirme, com mais moderação, que a violência deveria ser uma das táticas à disposição para promovermos essas mudanças. Podemos apresentar argumentos a favor da não violência ou, ao contrário, a favor do uso instrumental e estratégico da violência, mas tais argumentos só podem ser discutidos publicamente se houver consenso sobre o que constitui a violência e a não violência. Um dos maiores desafios enfrentados por quem é favorável à não violência é que "violência" e "não violência" são termos controversos. Algumas pessoas, por exemplo, chamam de "violência" atos discursivos ofensivos, enquanto outras afirmam que a linguagem, exceto em caso de ameaças explícitas, não pode ser chamada, propriamente, de "violenta". Outras, ainda, aferram-se a visões estritas da violência, compreendendo o "soco" como o momento físico que a define; e outras insistem que as estruturas econômicas e jurídicas são "violentas" e agem sobre os corpos, ainda que nem sempre assumam a forma de violência física. De fato, a figura do "soco" tem definido tacitamente alguns dos principais debates sobre o tema, sugerindo que a violência é algo que acontece entre duas partes ou em um confronto acalorado. No entanto, podemos reiterar, sem contestar a violência da agressão física, que as estruturas ou os sistemas sociais, inclusive o racismo sistêmico, são violentos. Na verdade, às vezes, o golpe físico contra a cabeça ou o corpo do outro é uma expressão da violência sistêmica, momento exato em que devemos ser capazes de compreender a relação entre o ato e a estrutura, ou o sistema. Para compreendermos a violência estrutural ou sistêmica, é necessário irmos além das explicações racionais, que limitam nosso entendimento acerca de como funciona a violência. E é necessário encontrarmos quadros de referência mais abrangentes que aqueles que se apoiam nas figuras de quem ataca e de quem é atacado. Obviamente, qualquer explanação da violência que não possa explicar o soco, o golpe, o ato de violência sexual (inclusive o estupro) ou que não compreenda o modo como a violência pode funcionar na díade íntima ou no confronto direto fracassa tanto descritiva quanto analiticamente, não esclarecendo o que é a violência – ou seja, aquilo de que estamos falando quando discutimos violência e não violência[1].

Parece que deveria ser fácil simplesmente se opor à violência e permitir que tal manifestação resuma a posição política de uma pessoa sobre o tema. Mas, nos debates públicos, vemos que o termo "violência" é instável. A semântica é apropriada de formas que pedem para ser contestadas. Às vezes, Estados e instituições consideram "violentas" demonstrações de dissenso político ou de oposição ao Estado ou à autoridade de uma instituição. Protestos, ocupações, assembleias, boicotes e greves estão sujeitos a ser chamados de "violentos", mesmo quando não recorrem ao embate físico ou às formas de violência física e estrutural mencionadas anteriormente[2]. Quando Estados ou instituições agem dessa maneira, têm a intenção de renomear práticas não violentas como violentas, empreendendo, por assim dizer, uma guerra política no nível da semântica pública. Se uma manifestação a favor da liberdade de expressão – uma manifestação que é exercício dessa mesma liberdade – é chamada de "violenta", isso só é possível porque o poder, que dessa maneira faz uso inapropriado da linguagem, tem a intenção de garantir o próprio monopólio sobre a violência, caluniando a oposição, justificando o emprego da polícia, do exército ou das forças de segurança contra quem busca, desse modo, exercer e defender a liberdade. Chandan Reddy, especialista em civilização estadunidense, argumenta que a forma assumida pela modernidade liberal no país pressupõe o Estado como garantia de nos livrarmos da violência que depende, fundamentalmente, do desencadeamento da violência contra minorias raciais e todas as pessoas tipificadas como irracionais e alheias à norma nacional[3]. Na visão de Reddy,

---

[1] Ver "The Political Scope of Non-Violence", em Thomas Merton (org.), *Gandhi: On Non-Violence* (Nova York, New Directions, 1965), p. 65-78.

[2] Para uma visão geral das ações não violentas, ver Gene Sharp, *How Nonviolent Struggle Works* (Boston, The Albert Einstein Institution, 2013) [ed. bras.: *Como a luta não violenta funciona & Autolibertação*, trad. André Gonçalves Fernandes, Campinas, Vide, 2020].

[3] Chandan Reddy, *Freedom with Violence: Race, Sexuality, and the US State* (Durham, Duke University Press, 2011).

o Estado se baseia na violência racial e continua a infligi-la de forma sistemática às minorias. Assim, a violência racial é entendida como auxiliar na autodefesa do Estado. Quantas vezes, nos Estados Unidos e em outros lugares, pessoas negras ou pardas, nas ruas ou dentro de casa, não são tachadas ou consideradas "violentas" pela polícia, presas e alvejadas, mesmo quando estão desarmadas, mesmo quando se afastam devagar ou às pressas, mesmo quando tentam prestar queixa ou simplesmente estão dormindo[4]? É ao mesmo tempo curioso e aterrorizante perceber como a defesa da violência funciona em tais condições, pois o alvo tem de ser representado como uma ameaça, um poço de violência real ou concreta, a fim de que a ação letal da polícia pareça autodefesa. Se a pessoa não estava fazendo nada comprovadamente violento, talvez ela seja simplesmente representada como violenta, como um *tipo* violento de pessoa, ou como pura violência encarnada em e por aquela pessoa. Essa última afirmação, na maioria das vezes, demonstra racismo.

Portanto, o que se inicia como um argumento aparentemente moral sobre o fato de sermos a favor ou contra a violência logo se transforma em um debate sobre a definição de violência e quem é chamado de "violento" – e com quais propósitos. Quando um grupo se reúne para protestar contra a censura ou a ausência de liberdades democráticas, e quando esse grupo é chamado de "bando" ou é compreendido como ameaça caótica e destrutiva à ordem social, ele é tanto nomeado quanto representado como potencial ou efetivamente violento, a ponto de o Estado apresentar uma justificativa para defender a sociedade dessa ameaça violenta. Quando o passo seguinte é prisão, lesão corporal ou assassinato, a violência da cena emerge como violência do Estado. Podemos considerar a violência do Estado de "violenta" mesmo quando este usa seu poder para nomear e representar o poder dissidente de certo grupo como "violento". Da mesma maneira, um protesto pacífico como o que aconteceu em 2013[5] no parque Taksim Gezi, em Istambul, ou uma carta em favor da paz, como a assinada por intelectuais turcos em 2016[6], só podem ser efetivamente figurados e representados como

---

[4] Para estatísticas de homicídios "justificáveis" cometidos por policiais contra pessoas afro-estadunidenses, ver "Black Lives Matter: Race, Policing, and Protest", *Wellesley Research Guides*. Disponível em: <libguides.wellesley.edu/blacklivesmatter/statistics>; acesso em: 14 maio 2021.

[5] Ver "Gezi Park Protests 2013: Overview," *University of Pennsylvania Libraries Guides*, Disponível em: <guides.library.upenn.edu/Gezi_Park>; acesso em: 11 jun. 2021.

[6] Ver "Academics for Peace", *Frontline Defenders*. Disponível em: <https://www.frontlinedefenders.org/en/profile/academics-peace>; acesso em: 14 maio 2021.

atos "violentos" se o Estado possui meios de comunicação próprios ou tem controle suficiente sobre a mídia. Sob tais circunstâncias, o exercício do direito de associação é chamado de "terrorismo", o que, por sua vez, invoca a censura do Estado, ataques policiais com cassetetes e spray de pimenta, rescisão de contratos de trabalho, detenção por tempo indeterminado, prisão e exílio.

Embora a identificação clara e consensual da violência facilitasse as coisas, isso é impossível em uma situação política na qual o poder de atribuir a violência à oposição se torna um instrumento para ampliar o poder do Estado, desvalorizar os objetivos de quem se opõe a ele ou mesmo justificar a privação total de direitos, o encarceramento e o assassinato. Em tais momentos, a atribuição deve ser contestada com base no fato de que é falsa e injusta. Mas como fazer isso na esfera pública, na qual foi semeada a confusão semântica quanto ao que é e não é violento? Ficamos com uma gama confusa de opiniões sobre violência e não violência e temos de aceitar o relativismo generalizado? Ou podemos estabelecer uma forma de distinguir entre a atribuição tática da violência, que falseia e inverte sua direção, e aquelas formas de violência, em geral estruturais e sistêmicas, que muitas vezes também escapam à denominação e à apreensão diretas?

Caso se deseje argumentar a favor da não violência, será necessário compreender e avaliar os modos como a violência é constituída e atribuída no interior de um campo de poder discursivo, social e estatal; as inversões taticamente executadas; e o caráter fantasmático da atribuição em si. Além disso, temos de levar a cabo a crítica aos esquemas pelos quais a violência do Estado se justifica e à relação entre esses esquemas de justificação e o esforço estatal para manter o monopólio da violência. Tal monopólio depende de uma prática de denominação, uma prática que muitas vezes dissimula a violência sob a coerção legal ou exterioriza a própria violência em seu alvo, redescobrindo-a como violência de outrem.

Argumentar a favor ou contra a não violência exige que se estabeleça a diferença entre violência e não violência, caso seja possível. Mas não há atalho para chegar a uma distinção semântica estável entre as duas quando essa distinção é tão frequentemente explorada com o propósito de ocultar e ampliar práticas e objetivos violentos. Em outras palavras, não podemos ir direto ao fenômeno em si sem passar pelos esquemas conceituais que orientam o uso do termo em várias direções e sem uma análise de como essas orientações operam. Se as pessoas acusadas de cometer violência, tendo se engajado em atos não violentos, tentarem contestar o caráter da acusação como injustificável, elas terão de demonstrar como a alegação de violência é usada – não "o que a alegação diz", mas "o que ela está fazendo com o que é dito". Em que episteme ela adquire credibilidade? Ou, ainda, por que às vezes ela é crível? E, o mais crucial, o que pode ser feito para expor e derrubar o caráter efetivo do ato discursivo – seu efeito de plausibilidade?

Para começar a trilhar esse caminho, temos de aceitar que "violência" e "não violência" são expressões usadas de modo variável e perverso, sem cair em uma forma de niilismo impregnado da crença de que violência e não violência são tudo que as pessoas que detêm o poder decidem que devem ser. Parte da tarefa deste livro é enfrentar a dificuldade de encontrar e fixar o significado de violência, uma vez que ela está sujeita a definições instrumentais que servem a interesses políticos e, às vezes, à violência estatal em si. Em minha opinião, essa dificuldade não implica um relativismo caótico que solaparia a tarefa do pensamento crítico de expor o uso instrumental de uma distinção que é tão falsa quanto prejudicial. Tanto violência quanto não violência já chegam ao campo de debate moral e análise política interpretadas e fragilizadas por usos anteriores. Se temos esperança de nos opormos à violência do Estado e refletirmos com cuidado sobre a justificabilidade das táticas violentas na esquerda, não há como evitar a necessidade de interpretar tanto a violência como a não violência e examinar a diferença entre elas. À medida que mergulhamos na filosofia moral, deparamos com as correntes cruzadas nas quais a filosofia moral e a filosofia política se encontram; isso tem consequências tanto para o modo como acabamos fazendo política como para o mundo que queremos.

Um dos argumentos mais populares na esquerda em defesa do uso tático da violência começa com a afirmação de que muitas pessoas vivem no campo de força da violência. Como a violência já está presente, prossegue o argumento, não podemos escolher entre participar ou não dela por meio da ação: já estamos no campo da violência. Desse ponto de vista, o distanciamento que a deliberação moral assume em relação ao problema da ação violenta é um privilégio e um luxo e revela algo do poder dessa posição. O exame da ação violenta não é uma escolha, porque já estamos – contra nossa vontade – no campo de força da violência. Como a violência acontece o tempo todo (e constantemente contra as minorias), a resistência é apenas uma forma de contraviolência[7]. À parte a afirmação geral e tradicional da esquerda sobre a necessidade da "luta

---

[7] Para uma discussão sobre resistência, inclusive suas formulações paradoxais, ver Howard Caygill, *On Resistance: A Philosophy of Defiance* (Nova York, Bloomsbury, 2013).

violenta" para os propósitos revolucionários, há outras estratégias de justificação em jogo: a violência acontece contra nós, portanto temos justificação para adotar uma ação violenta contra quem: a) começou a violência; e b) dirigiu-a contra nós. Fazemos isso em nome de nossa própria vida e de nosso direito de continuarmos a existir no mundo.

Quanto à afirmação de que a resistência à violência é a contraviolência, poderíamos propor uma série de perguntas: mesmo que a violência circule o tempo todo – e estejamos todos no campo de força da violência –, queremos ser voz ativa quanto à continuidade dessa circulação? Se ela circula o tempo todo, é inevitável que circule? O que significaria contestar a inevitabilidade dessa circulação? O argumento poderia ser: "Outros a exercem, logo também deveríamos exercê-la"; ou então: "Outros a exercem contra nós, logo também deveríamos exercê-la contra essas pessoas, em nome da autopreservação". São afirmações diferentes, mas importantes. O primeiro argumento se atém ao princípio da reciprocidade direta, sugerindo que qualquer que seja a ação adotada por outrem, eu também tenho licença para adotá-la. Essa linha de argumentação, no entanto, esquiva-se da questão: o que o outro faz é justificável? O segundo argumento associa a violência à autodefesa e à autopreservação, e vamos retomá-lo em capítulos subsequentes. Por ora, no entanto, perguntamos: quem é esse "eu" defendido a título de autodefesa[8]? Como esse eu é demarcado em relação aos outros eus, à história, à terra ou a outras relações definidoras? Será que a pessoa contra quem se exerce a violência também não é, em algum sentido, parte do "eu" que se defende pelo ato violento? Há a percepção de que a violência exercida contra outrem é ao mesmo tempo uma violência exercida contra o eu, mas apenas se a relação entre ambos os define de forma muito fundamental.

Essa última proposição é central neste livro. Pois se uma pessoa que pratica a não violência tem relação com outra contra quem a violência é projetada, então parece haver entre elas uma relação social prévia; ambas são parte uma da outra, ou um eu está implicado no outro eu. A não violência seria, então, um modo de reconhecer essa relação social prévia, por mais tensa que seja, e afirmar as aspirações normativas que decorrem dela. Assim, uma ética da não violência não pode se basear no individualismo e deve tomar a iniciativa de uma

---

[8] Elsa Dorlin, *Se défendre: une philosophie de la violence* (Paris, La Découverte, 2017) [ed. bras.: *Autodefesa: uma filosofia da violência*, trad. Jamille Pinheiro Dias e Raquel Camargo, São Paulo, Ubu/Crocodilo, 2020].

crítica ao individualismo como base da ética e da política. Uma ética e uma política da não violência teriam de explicar como os eus estão implicados na vida uns dos outros, ligados por uma série de relações que podem ser tão destrutivas quanto construtivas. As relações obrigatórias e definidoras se estendem para além do encontro humano diádico, motivo pelo qual a não violência não diz respeito apenas às relações humanas, mas a todas as relações vitais e interconstitutivas.

Para iniciar essa investigação das relações sociais, no entanto, teríamos de saber que tipo de laço potencial ou real existe entre dois sujeitos num encontro violento. Se o eu se constitui por meio de suas relações com os outros, então parte do que significa preservar ou rejeitar o eu implica preservar ou rejeitar os laços sociais estendidos que o definem e definem seu mundo. Para além e contra a ideia de que, em nome de sua autopreservação, o eu está fadado a agir de forma violenta, essa investigação das relações sociais parte do seguinte princípio: a não violência exige uma crítica da ética egológica e do legado político do individualismo para desenvolver a ideia de individualidade como um campo tenso de relacionalidade social. Evidentemente, essa relacionalidade é definida, em parte, negativamente, ou seja, por conflito, raiva e agressão. O potencial destrutivo das relações humanas não nega toda a relacionalidade. E as perspectivas relacionais não podem escapar à persistência dessa destruição, potencial ou real, dos laços sociais. Assim, a relacionalidade não é, em si, algo bom, um sinal de conexão, uma norma ética que se deve postular para além e contra a destruição. Ao contrário, a relacionalidade é um campo controverso e ambivalente em que a questão da obrigação ética tem de ser elaborada à luz de um potencial destrutivo persistente e constitutivo. O que quer que venha a ser "fazer a coisa certa", trata-se, antes de tudo, de uma decisão ética que implica passar pela divisão ou luta que a condiciona. Tal tarefa nunca é exclusivamente reflexiva, ou seja, não dependente apenas da relação de si para si. Na verdade, quando o mundo se apresenta como um campo de força de violência, a tarefa da não violência é encontrar formas de viver e agir nesse mundo, de tal maneira que a violência seja controlada ou reduzida, ou que sua direção seja invertida, precisamente nos momentos em que ela parece saturar esse mesmo mundo e não oferecer saída. O corpo pode ser o vetor dessa inversão, da mesma forma que o discurso, as práticas coletivas, as infraestruturas e as instituições. Em resposta à objeção de que uma postura favorável à não violência é simplesmente irrealista, esse argumento sustenta que a não violência requer uma crítica do que conta como realidade. E afirma a força e a necessidade de um contrarrealismo em tempos como estes. Talvez a não violência exija certo distanciamento da realidade tal como ela se constitui hoje, deixando abertas as possibilidades que pertencem a um novo imaginário político.

Na esquerda, muitas pessoas afirmam acreditar na não violência, mas abrem exceção para a autodefesa. Para compreender o que alegam, precisaríamos saber quem é o "eu" a que se refere esse "auto" – suas extensões e suas demarcações territoriais, seus laços constitutivos. Se o "eu" que defendo é a minha pessoa, os meus parentes, as pessoas que pertencem a minha comunidade, minha nação ou minha religião, ou que compartilham comigo uma língua, então sou uma comunitarista enrustida e, ao que tudo indica, preservarei a vida de semelhantes a mim, mas certamente não a de quem é diferente de mim. Além do mais, aparentemente vivo em um mundo no qual o "eu" do "auto" é reconhecível como um eu. Uma vez que percebemos que certos eus são considerados dignos de defesa enquanto outros não, será que não existe um problema de desigualdade que deriva da justificação da violência a serviço da não violência? Não podemos explicar essa forma de desigualdade – que outorga graus diferentes de direito ao luto aos grupos de todo o espectro global – sem levar em consideração os esquemas raciais que fazem distinções tão grotescas entre as vidas que têm valor (e são potencialmente enlutáveis, caso sejam perdidas) e as que não têm valor nenhum.

Dado que a autodefesa é vista muitas vezes como a exceção justificável às normas que regem uma prática não violenta, temos de considerar: a) quem representa esse eu; e b) quão abrangente é o "eu" a quem se refere a autodefesa (de novo, ele inclui família, comunidade, religião, nação, território tradicional, práticas usuais?). Para as vidas não consideradas enlutáveis (aquelas que são tratadas como se não pudessem ser perdidas nem motivo de luto), que já residem no que Frantz Fanon chamou de "zona de não existência", a afirmação de que uma vida é importante, como vemos no movimento Black Lives Matter [Vidas Negras Importam], pode abrir uma fenda no esquema. Vidas são importantes no sentido de que têm forma física na esfera da aparência; vidas são importantes porque devem ser avaliadas de forma igual. E, ainda assim, a reivindicação de autodefesa por parte de quem exerce o poder é, muitas vezes, uma defesa do poder, de suas prerrogativas e das desigualdades que o poder pressupõe e produz. O "eu" defendido nesses casos é aquele que se identifica com outros que pertencem à branquitude, a uma nação específica, a um grupo em disputa de fronteira; e, assim, os termos da autodefesa expandem os propósitos da guerra. Tal "eu" pode funcionar como uma espécie de regime, incluindo como parte de seu eu estendido todas aquelas pessoas que compartilham com ele semelhanças de cor, classe e privilégios, excluindo do regime, portanto, aquelas que são marcadas pela diferença no interior dessa economia. Embora pensemos em autodefesa como resposta contra um golpe vindo de fora, o eu privilegiado não precisa de tal estímulo para estabelecer suas demarcações e policiar suas exclusões. "Qualquer possível ameaça" – ou seja, qualquer ameaça imaginada, qualquer fantasma de ameaça – é suficiente para desencadear a violência em nome próprio. Como apontou a filósofa Elsa Dorlin, considera-se que apenas alguns eus têm direito à autodefesa[9]. Por exemplo, as alegações de autodefesa de quem são mais imediatamente críveis em um tribunal de justiça e quais são aquelas que mais provavelmente serão desacreditadas ou rejeitadas? Em outros termos, quem possui um eu considerado defensável, uma existência que pode aparecer nos quadros jurídicos do poder como uma vida meritória, digna de ser defendida e que não merece ser perdida?

Um dos argumentos mais fortes da esquerda a favor do uso da violência é o de que ela é taticamente necessária para derrotar a violência estrutural ou sistêmica ou para derrubar regimes violentos, como *apartheid*, ditadura ou totalitarismo[10]. Isso talvez esteja correto, não discuto. Mas para que esse argumento funcione, precisaríamos saber o que distingue a violência do regime da violência que busca derrubá-lo. Essa distinção é sempre possível? Ou às vezes é necessário assimilar o fato de que a distinção entre uma violência e outra pode desmoronar? Em outras palavras, a violência respeita essa distinção – aliás, ela respeita qualquer uma de nossas tipologias? Será que o uso da violência não redobra a violência e vai em direções que nem sempre podemos controlar?

Às vezes, o argumento a favor da violência é apenas quando se trata de um meio para alcançar um fim. Então a pergunta é: a violência pode permanecer mero instrumento ou meio para acabar com a violência – suas estruturas, seu regime – sem se tornar um fim em si mesma? Sua defesa instrumental depende fundamentalmente da capacidade de mostrar que a violência pode

---

[9] Idem.

[10] Ver Friedrich Engels, *Anti-Dühring* (Moscou, Progress, 1947) [ed. bras.: *Anti-Dühring*, trad. Nélio Schneider, São Paulo, Boitempo, 2015]; Étienne Balibar, "Reflections on Gewalt", *Historical Materialism*, v. 17, n. 1, 2009; Yves Winter, "Debating Violence on the Desert Island: Engels, Dühring and Robinson Crusoe", *Contemporary Political Theory*, v. 13, n. 4, 2014; Nick Hewlett, "Marx, Engels, and the Ethics of Violence in Revolt", *The European Legacy: Toward New Paradigms*, v. 17, n. 7, 2012, e *Blood and Progress: Violence in Pursuit of Emancipation* (Edimburgo, Edinburgh University Press, 2016).

ser limitada à condição de um instrumento, um meio, sem se tornar um fim em si. O uso do instrumento para concretizar tais propósitos pressupõe que tal instrumento seja orientado por uma intenção clara e permaneça dessa forma durante todo o curso da ação. Também depende de sabermos quando o curso da ação chegará ao fim. O que acontece se a violência foge ao controle, é usada com propósitos nunca cogitados, ultrapassando e desafiando a intenção inicial? E se a violência for o tipo de fenômeno que está constantemente "fugindo ao controle"? Por fim, e se o uso da violência como meio para alcançar um objetivo permitir, de modo implícito ou efetivo, o uso mais amplo dessa violência, gerando mais violência para o mundo? Isso não conduz à possibilidade de que outras pessoas, com intenções contrárias, recorram a essa licença revitalizada para concretizar as próprias intenções, para perseguir propósitos destrutivos, contrários aos fins restringidos pelo uso instrumental – propósitos que podem não ser governados por nenhuma intenção clara ou podem se mostrar destrutivos, erráticos e não intencionais[11]?

Podemos perceber que, no princípio de qualquer discussão sobre violência e não violência, nos enredamos em uma série de outras questões. Em primeiro lugar, o fato de o termo "violência" ser usado estrategicamente para descrever situações que são interpretadas de formas muito diferentes sugere que *a violência é sempre interpretada*. Essa tese não significa que ela não passe de uma interpretação, em que interpretação é concebida como uma modalidade subjetiva e arbitrária de nomenclatura. Ao contrário, a violência é interpretada no sentido de que aparece no interior de quadros de referência que, às vezes, são imensuráveis ou conflitantes e, portanto, surge de formas diferentes – ou simplesmente não aparece –, dependendo de como é combatida no interior do(s) quadro(s) de referência em questão. Estabelecer uma definição de violência depende menos da enumeração de suas instâncias que de uma conceitualização que possa considerar suas oscilações em quadros políticos conflitantes. Aliás, a construção de um novo quadro referencial encarregado de tal propósito é um dos objetivos deste livro.

Em segundo lugar, a não violência é com bastante frequência compreendida como uma posição moral, uma questão de consciência individual ou razões para uma escolha individual de não engajamento em um caminho violento. No entanto, pode ser que os motivos mais persuasivos para a prática da não violência

---

[11] Para uma visão contrária, ver Scott Crow (org.), *Setting Sights: Histories and Reflections on Community Armed Self-Defense* (Oakland, PM, 2018).

impliquem diretamente uma crítica do individualismo e exijam que repensemos os laços sociais que nos constituem como criaturas vivas. Não é simplesmente o indivíduo anular sua consciência ou seus princípios mais profundos quando age violentamente, mas é a violência por em risco certos "laços" necessários à vida social, ou seja, à vida de uma criatura social. De modo semelhante, o argumento que justifica a violência com base na autodefesa parece conhecer de antemão o que é esse "eu" do "auto", quem tem direito a ele e quais são suas demarcações. Entretanto, se o "eu" é concebido como relacional, quem defende a autodefesa deve explicar muito bem o que circunscreve esse eu. Se um eu está ligado, de forma vital, a uma série de outros e não pode ser concebido sem eles, quando e onde esse eu singular começa e termina? O argumento contra a violência, portanto, implica não apenas uma crítica do individualismo, mas também uma elaboração desses laços ou relações sociais que exigem a não violência. Assim, a não violência como questão de moralidade individual dá lugar a uma filosofia dos laços vitais e sustentáveis.

Mais que isso, a explicação dos laços sociais necessários tem de ser pensada em relação às formas socialmente desiguais pelas quais os "eus" dignos de defesa são articulados no campo político[12]. A descrição dos laços sociais, sem os quais a vida corre perigo, é feita no nível de uma ontologia social, a ser compreendida mais como um imaginário social que como uma metafísica do social. Em outras palavras, podemos reafirmar, de maneira geral, que a interdependência social caracteriza a vida e, a partir daí, proceder a uma explicação da violência como um ataque a essa interdependência; sim, um ataque contra as pessoas; mas talvez, e mais fundamentalmente, um ataque contra os "laços". E, assim, a interdependência, embora pressuponha diferenciais de independência e dependência, implica igualdade social: ou cada pessoa é constituída e sustentada por relações em que depende de algo, ou algo depende dela. Do que cada uma depende e o que depende de cada uma é variável, uma vez que não se trata apenas de outras vidas humanas, mas de outras criaturas sencientes, meios ambientes e infraestruturas: nós dependemos de tudo isso, e tudo isso, por sua vez, depende de nós para manter um mundo habitável. Nesse contexto, referir-se à igualdade não é falar de uma igualdade entre todas as pessoas – se por "pessoa" queremos dizer indivíduo singular e distinto, cuja definição é dada a partir de sua demarcação. A singularidade e a distinção existem, assim como acontece com as demarcações, mas constituem características diferenciadoras de seres

---

[12] Elsa Dorlin, *Se défendre*, cit., p. 41-64.

30   A força da não violência

que são definidos e sustentados em virtude de sua inter-relacionalidade. Sem esse sentido amplo do inter-relacional, assumimos que a demarcação corporal deve ser o fim, não o contorno da pessoa, o local de passagem e porosidade, a evidência de uma abertura para alteridade que é definidora do corpo em si. O limiar do corpo – o corpo como limiar – destrói a ideia do corpo como uma unidade. Portanto, a igualdade não pode ser reduzida a um cálculo que concede a cada pessoa abstrata o mesmo valor, dado que a igualdade entre pessoas tem de ser pensada precisamente em termos de interdependência social. Então, embora seja verdade que todas as pessoas devem ser tratadas igualmente, o tratamento igualitário só é possível em uma organização social de vida em que recursos materiais, distribuição de alimentos, moradia, trabalho e infraestrutura tentem alcançar condições iguais de manutenção da vida. A referência a essas condições iguais de manutenção da vida é, portanto, essencial para a definição de "igualdade" em qualquer sentido substantivo do termo.

Além disso, quando perguntamos que vidas contam como "eus" dignos de defesa, ou seja, elegíveis para a autodefesa, a questão só faz sentido se identificamos as formas difusas de desigualdade que estabelecem algumas vidas como desproporcionalmente mais vivíveis e enlutáveis que outras. Elas estabelecem essa desigualdade no interior de um quadro referencial específico, mas essa desigualdade é histórica e contestada por quadros de referência conflitantes. Ela não diz nada sobre o valor intrínseco de uma vida. Além do mais, quando pensamos nos modos preponderantes e diferenciais pelos quais as populações são valorizadas e desvalorizadas, protegidas e abandonadas, deparamos com formas de poder que determinam valor desigual às vidas ao estabelecer modos desiguais de direito ao luto. E, aqui, não pretendo tratar as "populações" como dado sociológico, já que, em certo grau, elas são produzidas a partir da exposição comum a dano e destruição – a partir do modo diferencial como são consideradas enlutáveis (e dignas de serem mantidas) ou não enlutáveis (já perdidas e, portanto, fáceis de destruir ou expor às forças de destruição).

A discussão sobre os laços sociais e a demografia desigual do direito ao luto pode parecer desvinculada da discussão inicial sobre os argumentos usados para justificar a violência ou defender a não violência. A questão, no entanto, é que todos esses argumentos pressupõem noções do que representa violência, uma vez que, em tal discussão, ela é sempre interpretada. Tais argumentos também pressupõem visões sobre o individualismo e a relacionalidade social, interdependência, demografia e igualdade. Se nos perguntarmos o que é destruído pela violência ou que motivos temos para nomearmos e nos opormos à violência em nome da não violência, teremos de situar as práticas violentas (bem como instituições, estruturas e sistemas) à luz das condições de vida que essas práticas destroem. Sem uma compreensão das condições de vida e manutenção da vida – e da relativa diferença entre ambas –, não podemos saber o que a violência destrói nem por que devemos nos importar com isso.

Em terceiro lugar, como Walter Benjamin deixou claro em "Para uma crítica da violência" (1920), uma lógica instrumentalista orientou as formas predominantes pelas quais a violência é justificada[13]. Uma das primeiras questões que ele coloca nesse complexo ensaio é: por que o quadro referencial instrumentalista foi aceito como imperativo para refletirmos sobre a violência? Em vez de perguntar que fins a violência pode alcançar, por que não inverter a questão e questionar: o que justifica o quadro referencial instrumentalista no debate sobre a justificabilidade da violência, um quadro que, em outras palavras, se baseia na distinção de meios e fins? Na verdade, a questão de Benjamin se mostra ligeiramente diferente: se pensamos na violência somente no quadro referencial de sua possível justificação, esse quadro não determina de antemão o fenômeno da violência? A análise de Benjamin não apenas nos alerta para os modos como o quadro referencial instrumentalista determina o fenômeno, mas também nos leva às seguintes perguntas: *a violência e a não violência podem ser pensadas para além do quadro referencial instrumentalista? E que novas possibilidades de pensamento crítico ético e político resultam disso?*

O texto de Benjamin suscita apreensão em muitas pessoas que o leem justamente porque elas não querem suspender a questão do que justifica e não justifica a violência. O medo, ao que tudo indica, é de que, se deixarmos a questão da justificação de lado, toda violência será justificada. Mas essa conclusão, ao devolver o problema ao esquema de justificação, não compreende o potencial que se abre quando questionamos a lógica instrumentalista. Embora Benjamin não ofereça o tipo de resposta que requer uma reflexão como essa, o questionamento que ele faz sobre o quadro referencial dos meios/fins nos permite considerar o debate fora dos termos da *techné*. Para aqueles que

---

[13] Walter Benjamin, "Critique of Violence", em Marcus Bullock e Michael Jennings (orgs.), *Walter Benjamin. Selected Writings*, v. 1: *1913-1926* (Cambridge, Harvard University Press, 2014) [ed. bras.: "Crítica da violência – crítica do poder", em *Documentos de cultura, documentos de barbárie: escritos escolhidos*, trad. Celeste H. M. Ribeiro de Souza et al., São Paulo, Cultrix/Edusp, 1986]. Walter Benjamin, *Zur Kritik der Gewalt und Andera Aufsätze* (Frankfurt, Suhrkamp, 1965) [ed. bras.: "Para uma crítica da violência", em *Escritos sobre mito e linguagem (1915-1921)*, Susana Kampff Lages e Ernani Chaves, São Paulo, Editora 34, 2011].

afirmam que a violência é apenas uma tática provisória ou um instrumento, um dos desafios à sua posição assume a seguinte forma: se os instrumentos podem usar quem os utiliza, e a violência é um instrumento, a consequência não seria que a violência pode fazer uso de seu usuário? Como instrumento, a violência já está em operação no mundo antes que alguém a adote: esse fato, por si só, não justifica nem descarta o uso do instrumento. O que parece mais importante, no entanto, é que o instrumento já faz parte de uma prática, pressupondo um mundo propício a seu uso; que o uso do instrumento cria ou recria um tipo específico de mundo, ativando um legado de uso já sedimentado[14]. Quando qualquer um de nós comete atos de violência, está – nesses atos e por meio deles – criando um mundo mais violento. O que, à primeira vista, pode parecer mero instrumento, uma *techné* a ser descartada quando o objetivo tiver sido alcançado, acaba se tornando uma práxis: um meio que postula um fim no momento em que é atualizado, isto é, o meio pressupõe e representa o fim quando sua atualização está em curso. A despeito dos esforços constantes para restringir o uso da violência como meio, mais que como fim, a atualização da violência como meio pode, inadvertidamente, se tornar o próprio fim, produzindo uma nova violência, produzindo uma nova forma de violência, reiterando a licença e concedendo a licença para mais violência. A violência não se esgota na concretização de um único fim. Ao contrário, ela se renova em direções que ultrapassam tanto a intenção deliberada quanto os esquemas instrumentais. Melhor dizendo, ao agir como se o uso da violência pudesse ser um meio para alcançar um fim não violento, imagina-se que, nessa ação, a prática da violência não pressuponha a violência como o próprio fim. A *techné* é solapada pela práxis e o uso da violência torna o mundo um lugar mais violento, infundindo-lhe mais violência. A leitura que Jacques Derrida faz de Benjamin se concentra no modo como a justiça suplanta a lei[15]. Mas poderia a violência divina abrir a possibilidade de técnicas de governo que suplantam a lei, suscitando, portanto, um debate esclarecedor sobre o que se qualifica como justificação e como o quadro referencial da justificação determina parcialmente

---

[14] Ver meu texto "The Big Picture: Protest, Violent, Nonviolent", *Public Books*, 13 out. 2017. Disponível em: <https://www.publicbooks.org/the-big-picture-protest-violent-and-nonviolent/>; acesso em: 14 maio 2021.

[15] Jacques Derrida, "Force of Law: The 'Mystical Foundation of Authority'", em *Acts of Religion* (Nova York, Routledge, 2010) [ed. bras.: *Força de lei: o "fundamento místico da autoridade"*, trad. Leyla Perrone-Moysés, São Paulo, Martins Fontes, 2007].

o que chamamos de "violência"? Analisaremos essa questão no capítulo 3, "A ética e a política da não violência".

No decorrer desta obra, espero contestar alguns dos principais pressupostos sobre a não violência. Primeiro: a violência deve ser compreendida menos como uma posição moral adotada por indivíduos em relação a um campo de ação possível que como uma prática social e política empreendida de comum acordo, culminando em uma maneira de resistir às formas sistêmicas de destruição, associada a um compromisso com a criação de um mundo que honre uma interdependência global que incorpore ideais de liberdade e igualdade econômicas, sociais e políticas. Segundo: a não violência não emerge necessariamente de um lugar pacífico ou tranquilo da alma. Com bastante frequência, ela é expressão de ira, indignação e agressão[16]. Embora algumas pessoas confundam agressão com violência, é fundamental, para a argumentação deste livro, ressaltar que formas não violentas de resistência podem e devem ser praticadas agressivamente. A prática da não violência agressiva não é uma contradição em termos. Mahatma Gandhi insistiu que a *satyagraha*, ou "força da alma" – como ele chamava a prática e a política da não violência –, é uma força não violenta, uma força que consiste em uma "insistência na verdade [...] que arma de um poder ímpar quem a professa". Para compreendermos essa firmeza ou força, não podemos reduzi-la simplesmente à força física. Ao mesmo tempo, "força da alma" adquire uma forma corporificada. A prática de "permanecer imóvel" diante do poder político é, por um lado, uma postura passiva, entendida como parte da tradição da resistência passiva; por outro lado, é uma forma deliberada de expor o corpo ao poder policial, entrar no campo da violência e exercer uma

---

[16] Ver a defesa de Mahatma Gandhi à não violência do movimento *satyagraha* diante do Comitê de Investigação de Tumultos, em 1920, dois anos antes de sua prisão: "Assim como o polo Norte se diferencia do polo Sul, a *satyagraha* se diferencia da resistência passiva. Esta última tem sido concebida como uma arma dos fracos e não exclui o uso da força física ou da violência com o propósito de alcançar um fim, enquanto a primeira tem sido concebida como uma arma dos mais fortes e exclui o uso de qualquer forma ou espécie de violência". Mahatma Gandhi, *Selected Political Writings* (Cambridge, Hackett, 1996), p. 66 [disponível em: <https://www.mkgandhi.org/ebks/SWMGandhi.pdf>; acesso em: 14 maio 2021]. Ver também Martin Luther King Jr., "Stride Toward Freedom", em que a não violência é descrita como um "método", uma "arma" e um modo de "resistência" baseado em uma fé permanente no futuro. Influenciado por Gandhi, King também se inspirou em Henry David Thoreau, *A desobediência civil* [trad. Sergio Karam, Porto Alegre, L&PM, 2014]. Ver ainda Leela Fernandes, "Beyond Retribution: The Transformative Possibilities of Nonviolence", em *Transforming Feminist Practice* (São Francisco, Aunt Lute, 2003).

forma inflexível e corporificada de agência política. Ela exige sofrimento, sim, mas com o propósito de transformar tanto a si mesmo quanto à realidade social. Terceiro: a não violência é um ideal que nem sempre pode ser respeitado na prática. Na medida em que as pessoas que praticam a resistência não violenta colocam o próprio corpo no caminho de um poder externo, há contato físico, uma força vai contra uma força em ação. A não violência não implica ausência de força ou agressão. É, por assim dizer, uma estilização ética da corporificação, repleta de gestos e modos de não ação, modos de se tornar obstáculo, de usar a solidez do corpo e seu campo proprioceptivo para bloquear ou inviabilizar um novo exercício de violência. Por exemplo, quando os corpos formam uma barreira humana, podemos nos perguntar se estão bloqueando uma força ou empregando uma força[17]. Aqui, mais uma vez, somos obrigados a pensar com cuidado sobre a direção da força e tentar uma distinção eficaz entre força física e violência. Às vezes, pode parecer que obstrução *é* violência – afinal, estamos falando de obstrução violenta. Nesse caso, uma questão que será importante considerar é se nos atos de resistência corporal há plena consciência do ponto de inflexão, no qual a força da resistência pode se tornar um ato violento ou uma prática que cometa uma nova injustiça. A perspectiva dessa espécie de ambiguidade não deveria nos dissuadir do valor desse tipo de prática. Quarto: não existe prática de não violência que não envolva negociação de ambiguidades éticas e políticas fundamentais. Isso significa que "não violência" não é um princípio absoluto, mas o nome de uma luta contínua.

Se a não violência parece uma posição "fraca", deveríamos nos perguntar: o que conta como força? Quantas vezes não vemos a força ser igualada ao exercício da violência ou à indicação de uma predisposição ao uso da violência? Se existe uma força na não violência que emerge dessa suposta "fraqueza", ela pode estar relacionada ao poder dos fracos: o poder social e político de estabelecer a existência dos que têm sido conceitualmente anulados, conquistar o direito ao luto e o valor dos que têm sido classificados como dispensáveis e insistir na possibilidade de julgamento e justiça nos termos da mídia contemporânea e das políticas públicas, que oferecem um vocabulário desconcertante e bastante tático para nomear própria e impropriamente a violência.

---

[17] Ver Başak Ertür, "Barricades: Resources and Residues of Resistance", em Judith Butler, Zeynep Gambetti e Leticia Sabsay (orgs.), *Vulnerability in Resistance* (Durham, Duke University Press, 2016), p. 97-121; ver ainda Banu Bargu, "The Silent Exception: Hunger Striking and Lip-Sewing", *Law, Culture, and the Humanities*, 24 maio 2017.

O fato de os esforços políticos de dissenso e crítica serem muitas vezes rotulados como "violentos" pelas mesmas autoridades estatais que eles ameaçam não é motivo para deixar de acreditar no uso da linguagem. Significa apenas que temos de expandir e refinar o vocabulário político para pensar sobre a violência e a resistência à violência, levando em consideração o modo como esse vocabulário é deturpado e usado para blindar autoridades violentas contra a crítica e a oposição. Quando a crítica à violência colonial permanente é considerada violenta (Palestina), quando uma petição a favor da paz é reclassificada como ato de guerra (Turquia), quando as lutas por igualdade e liberdade são entendidas como ameaças violentas à segurança do Estado (Black Lives Matter) ou quando o "gênero" é retratado como uma bomba nuclear apontada contra a família (movimentos que denominam o gênero como uma ideologia), estamos atuando em meio a formas de fantasmagoria politicamente consequentes. Para expor a artimanha e a estratégia desses posicionamentos, temos de identificar os caminhos pelos quais a violência é reproduzida no nível de uma lógica defensiva imbuída de ódio e paranoia.

A não violência é menos um fracasso da ação que uma afirmação física da reivindicação da vida; uma afirmação viva, uma reivindicação que se faz por discursos, gestos e ações, por meio de interações, reocupações e assembleias. Tudo isso tenta reclassificar os seres vivos como dignos de valor, como potencialmente enlutáveis justamente nas condições em que são apagados do campo de visão ou lançados em formas irreversíveis de precariedade. Quando as pessoas em situação de precariedade expõem aos poderes que ameaçam sua vida sua condição de seres vivos, elas se envolvem em uma forma de persistência que têm o potencial de derrotar um dos objetivos norteadores do poder violento – a saber, descartar as pessoas que estão à margem como dispensáveis, empurrando-as para além, para zonas de não existência, para usarmos a expressão de Fanon. Quando movimentos não violentos atuam em consonância com os ideais do igualitarismo radical, é o clamor igualitário de uma vida vivível e enlutável que serve de ideal social norteador, um ideal fundamental para uma ética e uma política da não violência que ultrapassa o legado do individualismo. Ele faz surgir uma nova consideração da liberdade social definida, em parte, por nossa interdependência constitutiva. Essa luta requer um imaginário igualitário – um imaginário que considere o potencial de destruição em cada laço vital. Nesse sentido, a violência contra o outro é a violência contra si mesmo, algo que se torna claro quando reconhecemos que a violência ataca a interdependência vital que é, ou deveria ser, nosso mundo social.

I

NÃO VIOLÊNCIA, DIREITO AO LUTO
E CRÍTICA AO INDIVIDUALISMO

Comecemos com a proposição de que a não violência se torna uma questão ética no interior do próprio campo de força da violência. A não violência talvez seja mais bem descrita como uma prática de resistência que se torna possível, se não obrigatória, precisamente no momento em que a perpetração da violência parece ser o mais justificável e óbvio. Desse modo, a não violência pode ser compreendida como uma prática que não apenas impede um ato ou processo violento, mas que exige uma forma de ação constante, às vezes agressiva. Portanto, uma sugestão que apresentarei é que podemos pensar a não violência não apenas como a ausência de violência, ou o ato de se abster de cometer violência, mas também como um compromisso permanente. Ou mesmo como um modo de redirecionar a agressão com o propósito de afirmar os ideais de igualdade e liberdade. Minha primeira sugestão é que aquilo que Albert Einstein chamou de "pacifismo militante" pode ser repensado como não violência agressiva[1]. Isso implica repensar a relação entre agressão e violência, uma vez que não são a mesma coisa. Minha segunda sugestão é que a não violência não faz sentido sem um compromisso com a igualdade. O motivo pelo qual a não violência exige compromisso com a igualdade pode ser entendido ao considerarmos que, no mundo atual, algumas vidas são claramente mais valorizadas que outras. Essa desigualdade implica que certas vidas serão defendidas com mais obstinação que outras. Se nos opomos à violência contra vidas humanas – ou, na verdade, contra outros seres vivos –, presume-se que fazemos isso porque essas vidas são valiosas. Nossa oposição afirma essas vidas como valiosas. Se fossem perdidas em consequência de violência, tal perda seria *registrada como perda*

---

[1] Ver Mary Whiton Calkins, "Militant Pacifism", *International Journal of Ethics*, v. 28, n. 1, 1917.

apenas porque essas vidas foram afirmadas como tendo um valor vital. E isso, por sua vez, significa que consideramos essas vidas dignas de luto.

No entanto, como sabemos, as vidas não são valorizadas de modo igual no mundo hoje; o clamor de que não sejam feridas ou assassinadas nem sempre é registrado. E uma das razões disso é que essas vidas não são consideradas dignas de luto, enlutáveis. Os motivos são muitos e incluem racismo, xenofobia, homofobia e transfobia, misoginia e negligência sistêmica em relação às pessoas empobrecidas e despossuídas. Convivemos diariamente com o conhecimento de que pessoas anônimas são abandonadas à morte em fronteiras fechadas, no mar Mediterrâneo, em países onde a pobreza e a falta de acesso à comida e à saúde se tornaram avassaladoras. Se queremos compreender o que significa a não violência hoje, no mundo em que vivemos, temos de conhecer as modalidades de violência contra as quais nos oporemos, mas também precisamos retornar a um conjunto fundamental de questões que dizem respeito a nosso tempo: o que torna uma vida valiosa? O que explica os modos desiguais como as vidas são valorizadas? E como podemos começar a criar um imaginário igualitário que se torne parte de nossa prática da não violência – uma prática de resistência, ao mesmo tempo vigilante e promissora?

Neste capítulo, debruço-me sobre o problema do individualismo a fim de destacar a importância dos laços sociais e da interdependência na compreensão de uma abordagem não individualista da igualdade. E tentarei relacionar essa ideia de interdependência com a não violência. No próximo capítulo, começarei indagando as fontes da filosofia moral para desenvolver uma prática reflexiva da não violência. E vou sugerir que fantasias socialmente impregnadas interferem em nosso raciocínio moral sobre a não violência, de modo que nem sempre somos capazes de identificar as suposições demográficas que fazemos sobre quais vidas são dignas de valor e quais são consideradas, de modo relativo ou absoluto, sem valor. Esse segundo capítulo vai de Immanuel Kant a Sigmund Freud e Melanie Klein. No terceiro capítulo, considero a ética e a política da não violência à luz das formas contemporâneas de racismo e de políticas sociais, sugerindo que Frantz Fanon nos oferece um caminho para compreender os fantasmas raciais que permeiam a dimensão ética da biopolítica. E também vou propor que a ideia de técnica de resolução de conflitos (*Technik ziviler Übereinkunft* [técnica de acordo civil]) sugerida por Walter Benjamin apresenta um caminho para pensarmos como conviver com e sobreviver às relações conflituosas sem desfechos violentos. Para isso, vou mostrar que a agressão é um componente dos laços sociais baseados na interdependência e que o modo como é produzida a agressão faz diferença para uma prática que resista à violência e imagine um futuro novo, de igualdade social. A imaginação – e o que é imaginável – se tornará crucial para analisar esse argumento, pois estamos vivendo um período que somos eticamente forçados e impelidos a pensar para além dos chamados limites realistas do possível.

Alguns representantes da história do pensamento político liberal quiseram nos fazer acreditar que chegamos a esse mundo social e político a partir de um estado de natureza. E, nesse estado de natureza, já somos, por algum motivo, indivíduos e estamos em conflito uns com os outros. Não nos é dado compreender como nos individualizamos nem nos é dito por que o conflito – e não a dependência ou o afeto – é a primeira de nossas relações passionais. A visão hobbesiana, a mais influente em formar nossa compreensão dos contratos políticos, diz que o indivíduo deseja o que o outro possui ou que ambos reivindicam um mesmo território e lutam um com o outro para alcançar seus objetivos egoístas e estabelecer seu direito pessoal à propriedade, à natureza e à dominância social. Obviamente, o estado de natureza sempre foi uma ficção, como Jean-Jacques Rousseau admitiu abertamente. Mas essa ficção é poderosa, é um modo de inventividade que se tornou possível sob as condições do que Karl Marx chamou de "economia política". Ela opera de muitas formas: por exemplo, oferece uma condição contrafactual que nos permite examinar a situação contemporânea; e, assim como a ficção científica, apresenta um ponto de vista a partir do qual enxergamos, no presente, a especificidade e a contingência da organização política do espaço e do tempo, de paixões e de interesses. Sobre Rousseau, o crítico literário Jean Starobinski afirmou que o estado de natureza fornece um quadro referencial imaginário no qual há apenas um indivíduo em cena: autossuficiente, sem dependências, impregnado de amor-próprio, sem qualquer necessidade de outrem[2]. De fato, onde não há outras pessoas sobre as quais falar, não há problema de igualdade; mas, quando entram em cena outras criaturas humanas vivas, o problema da igualdade e do conflito emerge imediatamente. Por quê?

Marx criticou a parte da hipótese do estado de natureza que postula o indivíduo como primordial. Em *Manuscritos econômico-filosóficos* (1844), ele faz ironia com a noção de que, no início, os seres humanos, tal qual Robinson

---

2   Jean Starobinski, *Jean-Jacques Rousseau: Transparency and Obstruction* (Chicago, University of Chicago Press, 1988) [ed. bras.: *Jean-Jacques Rousseau: a transparência e o obstáculo*, trad. Maria Lucia Machado, São Paulo, Companhia das Letras, 2011].

Crusoé, viviam sozinhos em uma ilha, provendo à própria subsistência, vivendo sem depender dos outros, sem sistemas de trabalho e sem qualquer organização política e econômica comum. Marx escreve: "Não nos desloquemos, como [faz] o economista nacional quando quer esclarecer [algo], a um estado primitivo imaginário. [...] Ele simplesmente empurra a questão para uma região nebulosa, cinzenta. [...] Nós partimos de um fato nacional-econômico, *presente*"[3]. Marx pensou que poderia descartar a ficção em favor dos fatos, mas isso não o impediu de fazer uso dessas mesmas ficções para desenvolver sua crítica da economia política. Tais ficções não representam a realidade; contudo, se soubermos lê--las, propiciam uma crítica à realidade atual que, de outra forma, talvez não conseguíssemos produzir. Mergulhamos na ficção para discernir a estrutura, mas também para perguntar: o que podemos e não podemos constatar aqui? O que pode ser imaginado e em quais termos?

Por exemplo, a figura solitária e autossuficiente de Robinson Crusoé era adulta e masculina, a primeira figura do "homem natural" – aquela cuja autossuficiência acaba por ser interrompida pelas demandas da vida social e econômica, mas não como consequência de sua condição natural. Aliás, quando outras pessoas entram em cena, o conflito começa – ao menos é o que diz a história. Então, no princípio (em termos temporais) e mais fundamentalmente (em termos ontológicos), os indivíduos buscavam interesses egoístas, divergiam e lutavam, mas o conflito só se torna arbitrado no contexto de uma sociabilidade regulada, já que presumivelmente cada pessoa, antes de tomar parte do contrato social, tenta buscar e satisfazer suas vontades, independentemente dos efeitos que tenham sobre os demais e sem qualquer expectativa de resolução dos desejos concorrentes e divergentes. Assim, de acordo com essa ficção, o contrato surge primeiro como um meio de resolução de conflitos. Cada indivíduo deve restringir seus desejos, impor limites a sua capacidade de consumir, tomar e agir, a fim de viver de acordo com leis geralmente obrigatórias. Para Hobbes, essas leis são o "poder comum" pelo qual a natureza humana é refreada. O estado de natureza não era exatamente ideal e Hobbes não preconizou um "retorno" a esse estado (como às vezes fez Rousseau), pois imaginava que, se não houvesse um governo comum e um conjunto de leis obrigatórias para controlar o caráter conflituoso da natureza humana, vidas seriam interrompidas e os assassinatos

---

[3] Karl Marx, *Writings of the Young Marx on Philosophy and Society* (orgs. Lloyd Easton e Kurt Guddat, Nova York, Anchor, 1967), p. 288-9 [ed. bras.: *Manuscritos econômico-filosóficos*, trad. Jesus Ranieri, São Paulo, Boitempo, 2004, p. 80].

seriam desenfreados. O estado de natureza era, para ele, uma guerra, mas não uma guerra entre Estados ou autoridades vigentes. Era uma guerra travada por um indivíduo soberano contra outro – uma guerra, poderíamos acrescentar, de pessoas que encaravam a si mesmos como soberanos. Pois não fica claro se essa soberania pertencia a um indivíduo concebido como separado do Estado (ao qual transferiu sua soberania) ou se o Estado já funcionava como horizonte implícito desse imaginário. O conceito teológico-político de soberania precede e condiciona a atribuição ou a suspensão da condição de soberano do indivíduo, isto é, ele produz, por meio dessa atribuição, a figura do sujeito soberano.

Sejamos claros: o estado de natureza difere de Locke para Rousseau e Hobbes; e mesmo em *Leviatã**, de Hobbes, existem ao menos cinco versões dele[4]. O estado de natureza pode supor uma época anterior à sociedade; pode procurar descrever civilizações estrangeiras consideradas pré-modernas; pode apresentar uma psicologia política que explica o dissenso social; pode descrever o poder político no interior da dinâmica europeia do século XVII. Não pretendo realizar aqui um exame acadêmico rigoroso, mas quero levar em consideração o fato de que o estado de natureza pode ser uma oportunidade para certo tipo de imaginação, se não uma fantasia ou o que Rousseau chama de "pura ficção", então aquela que trata centralmente do conflito violento e de sua resolução[5]. Assim, podemos perguntar: sob quais condições históricas essas ficções e fantasias se cristalizam? Elas se tornam possíveis e convincentes a partir de uma condição social de conflito ou como consequência histórica do conflito;

---

*   Trad. João Paulo Monteiro e Maria Beatriz Nizza da Silva, São Paulo, Nova Cultural, 2004. (N. E.)

[4]   De acordo com Gregory Sadler, há "um conceito retórico de 'estado de natureza' como guerra de todos contra todos, sem nenhuma instituição de civilização e sociedade civil; 'estado(s) de natureza' historicamente existente(s) em sociedades pré-políticas, nas quais família, patrão-cliente, clã ou estruturas tribais estão em conflito umas com as outras; 'estado(s) de natureza' historicamente existente(s) em sociedades civis estabelecidas em que, apesar do estabelecimento e da aplicação das leis, as pessoas permanecem em condição de desconfiança umas em relação às outras, ou seja, preocupadas com a criminalidade; o 'estado de natureza' historicamente existente nas relações internacionais vigentes, ou seja, a condição dos Estados em relação uns aos outros; 'estado(s) de natureza' historicamente existente(s) e possível(is) que culminam em guerra civil com o colapso da sociedade civil provocado pela faccionalização"; Gregory Sadler, "Five States of Nature in Hobbes's Leviathan", *Oxford Philosopher*, 1º mar. 2016.

[5]   Jean-Jacques Rousseau, *The Political Writings of Jean-Jacques Rousseau* (Cambridge, Cambridge University Press, 1915), p. 286.

42 A FORÇA DA NÃO VIOLÊNCIA

talvez representem um sonho de fuga dos sofrimentos associados à organização capitalista do trabalho ou funcionem como uma justificativa para essa mesma organização. Essas imaginações articulam – e comentam – os argumentos a favor do fortalecimento do poder do Estado e de seus instrumentos de violência para cultivar ou conter a vontade popular. Elas surgem em nossa compreensão do populismo, condição na qual se imagina que a vontade popular assume uma forma irrestrita ou se rebela contra as estruturas estabelecidas. Elas codificam e reproduzem formas de dominação e exploração que colocam classes e grupos religiosos ou raciais uns contra os outros, como se o "tribalismo" fosse uma condição primitiva ou natural que aflora e explode caso os Estados deixem de exercer seus poderes coercitivos – ou seja, caso os Estados deixem de impor a própria violência, inclusive a violência jurídica.

Ao longo deste texto, farei uma distinção entre fantasia – compreendida como um desejo consciente que pode ser pessoal ou compartilhado – e *phantasia* – que tem uma dimensão inconsciente e muitas vezes emprega uma sintaxe que exige interpretação. O devaneio pode se situar na fronteira do consciente com o inconsciente, mas a *phantasia*, como proposta por Susan Isaacs (1948) e desenvolvida por Melanie Klein, tende a envolver um complexo conjunto inconsciente de relações com os objetos. A fantasia inconsciente se tornou uma das bases da noção lacaniana de imaginário, designando tendências inconscientes que assumem a forma de imagens que nos afastam ou nos atraem em diferentes direções e contra as quais se erguem as defesas narcisistas. Em Laplanche, a fantasia é definida em termos um tanto diferentes: primeiro, como uma "cena imaginária na qual o sujeito é protagonista, representando a satisfação de um desejo (em última análise, um desejo inconsciente) de maneira distorcida, em maior ou menor grau, por processos defensivos"[6]; segundo, na discussão sobre o "*Fantasme*", ele torna claro que não estamos diante de uma distinção entre imaginação e realidade, mas de uma modalidade psíquica estruturante por meio da qual a própria realidade é invariavelmente interpretada. Assim, ele propõe uma reformulação da doutrina psicanalítica a partir da ideia de "fantasia originária" (o que Freud chamou de "*Urphantasien*"), a qual estrutura modos de percepção e funciona de acordo com regras sintáticas próprias. Portanto, a *phantasia* originária toma forma como uma cena com múltiplos atores ordenados por

---

[6] Jean Laplanche e Jean-Bertrand Pontalis, *The Language of Psycho-Analysis* (Nova York, W. W. Norton, 1967), p. 314 [ed. bras.: *Vocabulário da psicanálise*, trad. Pedro Tamen, São Paulo, Martins Fontes, 1982].

vetores de desejo e agressão. Essa última noção nos permite considerar o que acontece com o "estado de natureza" tomado não apenas como uma ficção ou fantasia consciente, mas como cena fantasmática estruturada por múltiplos determinantes ocultos. A seguir, tento reservar "fantasia" para a maioria das cenas de violência e defesa que analiso, mas, em relação a Klein, quando o termo "*phantasia*" mantém uma dimensão inconsciente distinta, utilizo essa grafia. Uso os termos "fantasmático" e "fantasmagórico" para refletir sobre a inter-relação entre fantasias conscientes e inconscientes, socialmente compartilhadas ou comunicáveis, que assumem a forma de uma cena, mas não por isso pressupõem um inconsciente coletivo.

Se compreendemos o estado de natureza como uma ficção, ou melhor, uma *phantasia* (e ambas não são a mesma coisa, como veremos), que série de anseios ou desejos aquele estado representa ou articula? Sugiro que esses anseios não pertencem ao indivíduo nem a uma vida psíquica autônoma, mas mantêm uma relação crítica com a condição econômica e social sobre a qual refletem. Essa relação pode funcionar como um quadro invertido, um comentário crítico, uma justificação ou, efetivamente, uma crítica implacável. O que é postulado como origem ou condição originária é algo imaginado retrospectivamente e, assim, tido como uma sequência que se inicia em um mundo que já é socialmente constituído. E, no entanto, há uma ânsia em estabelecer uma fundação, uma origem imaginária, como forma de explicar este mundo ou, talvez, escapar da dor e da alienação que existem nele. Essa linha de pensamento poderia facilmente nos conduzir por um caminho psicanalítico, se levássemos a sério a ideia de que *formas inconscientes de phantasia* funcionam como *fundação* da vida psíquica humana em relação ao mundo social. Isso pode ser verdadeiro. Entretanto, meu desejo não é substituir a fantasia pela realidade, mas aprender a ver essa fantasia como uma fonte de *insights* importantes sobre a estrutura e a dinâmica das organizações de poder e violência historicamente constituídas tais como elas se relacionam com a vida e a morte. Na verdade, eu mesma não serei capaz de oferecer uma resposta crítica a essa noção de "homem sem necessidades" que está na origem da vida social sem recorrer a uma conjectura própria – que não começou comigo, mas cujos termos adoto – que enuncia, por assim dizer, a sintaxe do social por meio de um imaginário diferente.

Uma característica notável dessa fantasia do estado de natureza, que é invocada com frequência como uma "fundação", é que aparentemente, no princípio, existe um homem: ele é adulto, está por conta própria, é autossuficiente. Observe-se que essa história não começa na origem, mas no meio de um fato histórico que *não* está prestes a ser revelado: nesse momento inicial da história, ou seja, nesse momento que marca o início de tudo, o gênero, por exemplo, já está decidido. Independência e dependência foram separadas, e o masculino e o feminino são determinados, em parte, em relação a essa repartição da dependência. A figura primária e fundadora do humano é masculina. Isso não causa surpresa: a masculinidade é definida por sua falta de dependência (e isso não é exatamente novidade, mas continua sendo bastante espantoso). No entanto, o que parece interessante, e é tão verdadeiro para Hobbes quanto para Marx, é que o ser humano é, desde o início, um adulto.

Em outras palavras, o indivíduo que nos é apresentado como o momento inaugural do ser humano, como a eclosão do humano no mundo, é postulado como se esse ser nunca tivesse sido uma criança; como se nunca tivesse sido sustentado ou nunca tivesse dependido de progenitores, relações de parentesco ou instituições sociais para sobreviver, crescer e (supostamente) aprender. Esse indivíduo já foi categorizado como um gênero, mas não por uma atribuição social; ao contrário, porque é um *indivíduo* – e a forma social do indivíduo é masculina nessa cena –, ele é um homem. Então, se desejamos compreender essa fantasia, temos de nos perguntar que versão de ser humano e que versão de gênero ela representa, quais ocultamentos são necessários para que essa representação funcione. A dependência é, por assim dizer, eliminada da imagem do homem original. De alguma maneira e desde o princípio, ele já se encontra sempre em postura ereta, capaz, sem nunca ter sido sustentado por ninguém, sem ter se agarrado a outro corpo para se equilibrar, sem nunca ter sido alimentado quando não podia se alimentar sozinho, sem nunca ter sido agasalhado por alguém para se aquecer[7]. Ele, o sortudo, nasceu da imaginação de teóricos liberais como um adulto completo, sem relações, mas dotado de raiva e desejo, às vezes capaz de alguma felicidade ou autossuficiência que dependia de um mundo natural vazio de outras pessoas. Devemos supor, então, que houve um aniquilamento antes da cena narrada, que um aniquilamento inaugura a cena: todas as outras pessoas estão excluídas, anuladas, desde o princípio? Seria esta, talvez, uma violência inaugural? Não uma tabula rasa, mas uma tábua que foi *apagada*? Também o foi a pré-história do chamado estado de natureza. Uma vez que supostamente o estado de natureza é, em uma de suas variantes mais influentes, uma pré-história da vida social e econômica, o aniquilamento

---

[7] Ver Adriana Cavarero, *Inclinations: A Critique of Rectitude* (Stanford, Stanford University Press, 2016).

da alteridade constitui a pré-história dessa pré-história, o que sugere que não estamos apenas elaborando uma fantasia, mas atribuindo uma história a essa fantasia: a história de um assassinato que não deixou vestígios.

O contrato social, como muitas teóricas feministas argumentaram, já é um *contrato sexual*[8]. Mas, antes que as mulheres entrem em cena, existe apenas esse indivíduo homem. Em algum lugar da cena, existe a mulher, mas ela não assume a forma de uma figura. Nem sequer podemos culpar a representação da mulher na cena, porque ela é não representável. Houve certo tipo de expulsão e, nesse lugar vazio, é erigido o homem adulto. Supõe-se que, no curso dos acontecimentos, ele deseje mulheres, mas mesmo essa heterossexualidade postulada é livre de dependência e repousa sobre uma sofisticada amnésia a respeito de sua formação. Entende-se que primeiro ele encontra os outros de maneira conflituosa.

Por que se preocupar com essa cena fantasmática influente na teoria política? Afinal, meu tema é a ética e a política da não violência. Na verdade, não vou argumentar contra o caráter primordial das relações conflituosas. A bem dizer, vou insistir que o conflito é parte potencial de todo laço social e que Hobbes não está totalmente errado. Aliás, Freud abriga uma tese hobbesiana quando desafia o mandamento bíblico de não cobiçar a esposa do próximo; afinal, pergunta o psicanalista, por que não deveríamos presumir que a inimizade e a hostilidade são mais importantes que o amor? Minha tese, que virá um pouco mais tarde, é que, se a não violência deve fazer sentido como posição ética e política, ela não pode simplesmente reprimir a agressão ou abolir seu caráter de realidade. Ao contrário, a não violência emerge como um conceito significativo precisamente quando a destruição é mais provável ou parece mais definitiva. Quando a destruição se torna o objetivo ardente do desejo, mas, ainda assim, é controlada, o que explica esse controle, essa imposição de um limite e esse deslocamento? De onde vem, e o que permite que, esse controle se estabeleça e seja mantido? Algumas pessoas diriam que o controle é sempre uma forma de autocontrole – que é o superego que controla a externalização da agressão, mesmo que "superego" seja o nome que se dá ao processo de absorção da agressão na arquitetura da psique. A economia do superego é

---

[8] Carole Pateman, *The Sexual Contract* (Stanford, CA: Stanford University Press, 1988) [ed. bras.: *O contrato sexual*, trad. Marta Avancini, São Paulo, Paz & Terra, 1993]. Ver também várias respostas a Pateman: "The Sexual Contract Thirty Years On: A Conversation with Carole Pateman", *Feminist Legal Studies*, v. 26, n. 1, 2018, p. 93-104.

um moralismo pelo qual a agressão se desencadeia contra si mesma em um duplo dever crescente que oprime a vida psíquica, que, por sua vez, dá à luz essa estrutura recorrente de autonegação. O superego denuncia a violência e, no decurso dos acontecimentos, essa denúncia se torna uma nova forma de violência. Outras pessoas diriam que esse controle da violência só pode ser aplicado a partir de fora, pela lei, pelo governo ou, até mesmo, pela polícia; essa é a visão mais propriamente hobbesiana. Nesta, o poder coercitivo do Estado é necessário para conter a ira potencialmente assassina de seus súditos indisciplinados. Outras pessoas afirmam que existe uma região tranquila ou pacífica da alma e que devemos cultivar a capacidade de permanecer aí, subjugando a agressão e a destrutividade por meio de práticas ou rituais religiosos ou éticos. Mas, como observei, Einstein argumentou em favor de um "pacifismo militante", e hoje talvez possamos falar de uma forma agressiva de não violência. Para compreender isso, proponho pensarmos primeiro em uma ética da não violência que presuma formas de dependência e interdependência que não são administráveis ou que se tornam fonte de conflito e agressão. Em segundo lugar, proponho considerarmos como nosso entendimento de igualdade está relacionado com a ética e a política da não violência. Para que essa relação faça sentido, teríamos de incluir em nossa ideia de igualdade política o direito igualitário das vidas ao luto Porque apenas o afastamento de um provável individualismo nos permitirá compreender a possibilidade de uma não violência agressiva: aquela que emerge em meio ao conflito, aquela que se instala no próprio campo de força da violência. Isso significa que tal igualdade não é apenas a igualdade dos indivíduos em relação uns aos outros, mas um conceito que se torna concebível, inicialmente, quando uma crítica ao individualismo é realizada.

DEPENDÊNCIA E OBRIGAÇÃO

Tentemos, então, uma história diferente. Começa assim: todo indivíduo emerge no decurso do processo de individuação. Ninguém nasce indivíduo; se a pessoa se torna indivíduo com o passar do tempo, ela não escapa das condições fundamentais de dependência no decorrer desse processo. Essa condição não pode ser evitada com o tempo. Independentemente de nossos pontos de vista políticos no presente, nascemos em uma condição de dependência radical. Quando já adultos refletimos sobre essa condição, talvez nos sintamos ligeiramente insultados ou alarmados ou talvez rejeitemos esse pensamento. Talvez alguém com um forte senso de autossuficiência se sinta de fato ofendido porque houve um tempo em que não conseguia ficar em pé ou se alimentar sozinho. Gostaria de dizer, no entanto, que ninguém fica em pé sozinho; estritamente falando, ninguém se alimenta sozinho. Estudos sobre deficiências nos mostraram que, para nos deslocarmos pelas ruas, é necessário que haja calçadas que permitam o deslocamento, principalmente se esse deslocamento é feito somente por cadeira de rodas ou instrumentos de apoio[9]. Mas a calçada também é um instrumento de apoio, como são os semáforos e os meios-fios. Não são apenas pessoas com deficiências que precisam de apoio para se locomover, para se alimentar ou mesmo para respirar. Todas essas capacidades humanas básicas são apoiadas de uma forma ou de outra. Ninguém se locomove, respira ou encontra alimentos sem o auxílio de um mundo que oferece um ambiente construído para a locomoção, que prepara e distribui alimentos para que cheguem à nossa boca, um mundo que preserva o ambiente que possibilita um ar de certa qualidade, respirável.

A dependência pode ser parcialmente definida como a confiança nas estruturas sociais e materiais, e no meio ambiente, pois este também torna a vida possível. Mas, independentemente de nossas discordâncias com a psicanálise – e o que é a psicanálise senão uma teoria e uma prática pelas quais as pessoas brigam? –, talvez possamos dizer que não superamos a dependência da infância quando nos tornamos adultos. Isso não significa que as pessoas adultas sejam dependentes exatamente como um bebê, e sim que nos tornamos criaturas que imaginam constantemente uma autossuficiência só para descobrir que essa imagem de nós mesmos é minada no decorrer de nossa vida. Essa é, obviamente, uma posição lacaniana, cuja forma de articulação mais célebre é o "estádio do espelho" – o menino eufórico que pensa estar em pé sozinho enquanto se olha no espelho e, no entanto, olhando para ele, sabemos que a mãe, ou um obscuro objeto de apoio (*trotte-bébé* [andador]), o sustenta diante do espelho enquanto ele se regozija com sua autossuficiência radical[10]. Talvez possamos dizer que os conceitos fundadores do individualismo liberal são uma espécie de estádio do espelho e que ocorrem dentro de um imaginário desse

---

[9] Ver Jos Boys (org.), *Disability, Space, Architecture: A Reader* (Nova York, Routledge, 2017).

[10] Jacques Lacan, "The Mirror Stage as Formative of the 'I' Function", em *Écrits* (trad. Bruce Fink, Nova York, Norton, 2006), p. 75-81 [ed. bras.: "O estádio do espelho como formador da função do eu", em *Um mapa da ideologia*, trad. Vera Ribeiro, Rio de Janeiro, Contraponto, 1996, p. 97-103].

tipo. Qual apoio, qual dependência, deve ser recusado para que a fantasia da autossuficiência domine, para que a história comece com uma masculinidade adulta atemporal?

A implicação dessa cena, obviamente, é que pode parecer que a masculinidade é identificada com uma autossuficiência fantasmática, enquanto a feminilidade é identificada com o apoio oferecido por ela, um apoio regularmente rejeitado. Essa imagem e essa história nos prendem em uma economia de relações de gênero que dificilmente nos serve. A heterossexualidade passa a ser o arcabouço presumível e deriva da teoria da mãe e do filho, que é apenas uma das formas de imaginar as relações de apoio da criança. A estrutura de gênero da família é admitida como fato consumado, inclusive, obviamente, o apagamento do trabalho de cuidado da mãe e a ausência total do pai. E se aceitamos tudo isso como a estrutura simbólica das coisas, não como um imaginário específico, aceitamos o funcionamento de uma lei que só pode ser alterada por incrementos e ao longo de muito tempo. A teoria que descreve essa fantasia, essa assimetria e essa divisão de trabalho baseada no gênero pode acabar reproduzindo e validando seus termos, a menos que nos mostre outra saída, a menos que questione a cena anterior à cena, ou fora dela, isto é, o momento anterior ao princípio, por assim dizer.

Passemos agora da dependência para a interdependência e nos perguntemos como essa passagem altera nossa compreensão a respeito da vulnerabilidade, do conflito, da fase adulta, da sociabilidade, da violência e da política. Faço essa pergunta porque, tanto no nível político quanto no econômico, os fatos da interdependência global são negados. Ou são explorados. É óbvio que os anúncios das grandes empresas celebram o mundo globalizado, mas essa ideia de expansão corporativa capta apenas um sentido de globalização. A soberania nacional pode estar em declínio e, ainda assim, novos nacionalismos insistem nessa estrutura[11]. Por isso, um dos motivos pelos quais é tão difícil convencer governos como o dos Estados Unidos de que o aquecimento global é uma ameaça real para o futuro do mundo habitável é que o direito de expandir a produção e os mercados, explorar a natureza e lucrar, permanece centrado no aumento da riqueza e do poder nacionais. Talvez os governos não concebam a possibilidade de que suas ações afetam todas as regiões do mundo e o que acontece em todas as regiões do mundo afeta a própria possibilidade de continuidade de um meio ambiente habitável, aquele do qual todos dependemos.

---

[11] Wendy Brown, *Walled States, Waning Sovereignty* (Nova York, Zone, 2010).

Ou talvez eles saibam que estão no meio de uma atividade globalmente destrutiva e isso lhes pareça um direito, um poder, uma prerrogativa que não deveria ser comprometida por nada nem ninguém.

A ideia de obrigações globais que servem a todos os habitantes do mundo – humanos e animais – está quase tão longe da consagração neoliberal do individualismo quanto poderia e, mesmo assim, é regularmente tachada de ingênua. Por isso estou reunindo coragem para expor minha ingenuidade, minha fantasia – minha contrafantasia, se preferirem. Algumas pessoas me perguntam, num tom mais ou menos incrédulo: "Como você pode acreditar em obrigações globais? É muita ingenuidade!". Mas quando pergunto se elas querem viver em um mundo onde ninguém defende obrigações globais, em geral dizem que não. Defendo que basta admitir essa interdependência para que a formulação de obrigações globais se torne possível, inclusive obrigações para com imigrantes; etnias ciganas; pessoas que vivem em situação precária ou sujeitas a guerras e ocupações, ao racismo institucional e sistêmico; indígenas cujo assassinato e desaparecimento nunca aparecem totalmente nos registros públicos; mulheres submetidas à violência doméstica e/ou pública e ao assédio no trabalho; e não conformantes de gênero suscetíveis a danos corporais, inclusive encarceramento e morte. Quero sugerir também que uma nova ideia de igualdade só pode emergir de uma interdependência mais plenamente imaginada, uma imaginação que se desdobra em práticas e instituições, em novas formas de vida cívica e política. Curiosamente, a igualdade imaginada dessa forma nos obriga a repensar o que entendemos por igualdade *entre* os indivíduos. Óbvio que é bom que uma pessoa seja tratada como igual a outra. (Sou totalmente a favor da lei antidiscriminação, não me interpretem mal.) Mas essa formulação, por mais importante que seja, não nos diz em virtude de que conjunto de relações a igualdade social e política se torna imaginável. Ela considera o indivíduo uma unidade de análise e, em seguida, estabelece uma comparação. Quando a igualdade é entendida como um direito individual (como no direito à igualdade de tratamento), ela é separada das obrigações sociais que temos uns para com os outros. Formular a igualdade com base nas relações que definem nossa existência social duradoura, que nos define como criaturas sociais vivas, é fazer uma reivindicação social – uma reivindicação coletiva em favor da sociedade, se não uma reivindicação do social como o quadro de referência em que nossos ideais de igualdade, liberdade e justiça tomam forma e fazem sentido. Quaisquer que sejam as reivindicações de igualdade formuladas, elas emergem das relações *entre* as pessoas, em nome dessas relações e desses vínculos, mas não como peculiaridades de um sujeito individual[12]. A igualdade é, portanto, uma característica das relações sociais que, para sua articulação, depende cada vez mais de uma interdependência *declarada* – que abre mão do corpo como "unidade" a fim de compreender as demarcações de cada um como dilemas relacionais e sociais, entre eles as fontes de alegria, a suscetibilidade à violência, a sensibilidade ao calor e ao frio, ânsia por comida, sociabilidade e sexualidade.

Argumentei em outro texto que a "vulnerabilidade" não deveria ser considerada um estado do sujeito, mas uma característica de nossa vida compartilhada ou interdependente[13]. Nunca somos apenas vulneráveis, mas sempre vulneráveis a uma situação, uma pessoa, uma estrutura social, algo em que confiamos e em relação ao qual ficamos expostos. Talvez possamos dizer que somos vulneráveis a essas estruturas ambientais e sociais que tornam nossa vida possível e, quando elas fracassam, fracassamos também. Ser dependente implica vulnerabilidade: alguém é vulnerável em relação à estrutura social da qual depende. Se essa estrutura falha, ficamos expostos a uma condição precária. Sendo assim, não estamos falando sobre minha vulnerabilidade ou a sua, e sim sobre uma peculiaridade da relação que nos liga a outrem e às estruturas e instituições mais amplas nas quais confiamos em nome da continuidade da vida. Vulnerabilidade não é exatamente o mesmo que dependência. Para viver, dependemos de alguém, de algo ou de alguma condição. Mas, se a pessoa da qual dependemos desaparece, ou aquele objeto nos é retirado, ou a instituição social desmorona, ficamos vulneráveis à expropriação, abandonados ou expostos de tal forma que a vida pode perfeitamente se tornar inviável. O entendimento relacional da vulnerabilidade mostra que não somos completamente separáveis das condições que tornam nossa vida possível ou impossível. Em outras palavras, como não estamos livres de tais condições, nunca somos totalmente individuados.

Uma implicação dessa visão é que as obrigações que nos ligam uns aos outros são resultado da condição de interdependência que possibilita nossa vida, mas também pode ser uma condição para a exploração e a violência. A própria organização política da vida requer que essa interdependência, assim como a

---

[12] Para uma visão analítica contundente sobre igualdade relacional, ver Elizabeth Anderson, "What Is the Point of Equality?", *Ethics*, v. 109, n. 2, 1999, p. 287-337.

[13] Ver meu texto "Rethinking Vulnerability and Resistance", em Judith Butler, Zeynep Gambetti e Leticia Sabsay (orgs.), *Vulnerability in Resistance*, cit.

igualdade que ela implica, seja reconhecida por meio de políticas, instituições, sociedade civil e governo. Se aceitarmos a proposição de que há, ou deve haver, obrigações globais – quer dizer, obrigações que são globalmente compartilhadas e deveriam ser consideradas compulsórias –, elas não podem ser reduzidas a obrigações que os Estados-nação têm uns para com os outros. Teriam de ter caráter pós-nacional, que atravessasse fronteiras e percorresse seus limites, uma vez que as populações fronteiriças ou que cruzam fronteiras (apátridas, refugiadas) estão incluídas na rede mais ampla de inter-relacionamentos implícita nas obrigações globais.

Tenho afirmado que a tarefa, como a imagino, não é superar a dependência para alcançar a autossuficiência, mas aceitar a interdependência como condição da igualdade. Essa formulação enfrenta um desafio imediato e importante. Afinal, existem formas de poder colonial que tentam estabelecer a chamada "dependência" das populações colonizadas, e esse tipo de argumento tenta transformar a dependência numa característica patológica essencial dessas populações[14]. Esse desdobramento da dependência confirma tanto o racismo quanto o colonialismo; ele identifica a causa da subordinação de um grupo como característica psicossocial desse grupo. O colonizador, como afirmou o romancista e ensaísta franco-tunisiano Albert Memmi, compreende a si mesmo como o adulto da cena, aquele que pode tirar a população colonizada de sua dependência "pueril" e conduzi-la à idade adulta esclarecida[15]. Encontramos essa figura do colonizado como uma criança que necessita de tutela no famoso ensaio de Kant "Que é 'esclarecimento'?"*. Mas a verdade é que o colonizador depende do colonizado, pois, se o colonizado se recusar a continuar subordinado, o colonizador se vê ameaçado de perder o poder colonial. De certa forma, parece bom superar a dependência se nos tornamos dependentes de uma estrutura colonial, de um Estado injusto ou de um casamento abusivo. Romper com essas formas de sujeição faz parte do processo de emancipação, de reivindicação de igualdade e liberdade. Mas qual versão de igualdade aceitamos

---

[14] Nancy Fraser e Linda Gordon, "A Genealogy of Dependency: Tracing a Keyword of the US Welfare State", *Signs*, v. 19, n. 2, 1994, p. 309-36.

[15] Albert Memmi, *La dépendance: Esquisse pour un portrait du dépendant* (Paris, Gallimard, 1979), ed. estadunidense: *Dependence: A Sketch for a Portrait of the Dependent* (trad. Phillip A. Facey, Boston, Beacon, 1984).

* Immanuel Kant, "Resposta à pergunta: que é 'esclarecimento' [*Aufklärung*]?", em *Textos seletos* (trad. Floriano de Souza Fernandes, ed. bilíngue, Petrópolis, Vozes, 1985), p. 100-17. (N. T.)

nesse caso? E qual versão de liberdade? Se rompemos os laços de dependência num esforço de superar a sujeição e a exploração, isso significa que passamos a valorizar a independência? Na verdade, sim. No entanto, se essa independência imita a dominação e se torna uma forma de romper os laços pelas formas de interdependência que valorizamos, o que vem em seguida? Se a independência nos leva de volta à soberania do indivíduo ou do Estado de tal forma que os entendimentos pós-soberanos de coabitação se tornam impensáveis, então retornamos a uma versão de autossuficiência que implica o eterno conflito. Afinal, é somente a partir de uma noção renovada e reavaliada de interdependência entre regiões e hemisférios que podemos começar a pensar na ameaça ao meio ambiente, no problema da favela global, no racismo sistêmico, na condição de apátridas cuja migração é uma responsabilidade global compartilhada e mesmo na superação mais completa dos modos de poder colonial. E podemos começar a formular outra visão da solidariedade social e da não violência.

Ao longo deste livro, vou da compreensão psicanalítica à compreensão social da interdependência, estabelecendo as bases para uma prática da não violência dentro de um novo imaginário igualitário. Esses níveis de análise devem ser integrados, mas o arcabouço psicanalítico não é assumido como modelo para todas as relações sociais. A crítica da psicologia do ego, entretanto, dá um significado social à psicanálise que a conecta a uma consideração mais ampla das condições de sustento e continuidade – questões centrais para qualquer concepção da biopolítica. A tese que oponho à hipótese do estado de natureza é que nenhum corpo pode sustentar-se por si mesmo. O corpo não é, nem nunca foi, um tipo de ser que subsiste por si mesmo, o que constitui apenas um dos motivos pelos quais a metafísica da substância – que concebe o corpo como um ser ampliado com demarcações discretas – nunca foi um quadro particularmente adequado para compreender o que é o corpo. O corpo é entregue a outros corpos para perdurar; é entregue a outro par de mãos até poder fazer uso do seu próprio. Teria a metafísica um modo de conceituar esse paradoxo vital? Por mais interpessoal que pareça, essa relação também é socialmente organizada em um sentido mais amplo, indicando a organização social da vida. Todos começamos sendo entregues – uma situação tão passiva quanto estimulante. É o que acontece quando nasce uma criança: uma pessoa entrega a criança a outra pessoa. Desde o início, somos manobrados contra nossa vontade, em parte porque nossa vontade está em processo de formação. Até mesmo Édipo foi entregue ainda bebê ao pastor que deveria deixá-lo morrer na encosta de uma colina. Esse ato foi quase fatal, pois a mãe o entregou a alguém encarregado de providenciar sua morte. Ser entregue contra a própria vontade nem sempre é uma cena bonita. O bebê é dado a alguém, e convencionalmente se entende que o cuidador se encontra entregue à tarefa de cuidar – de maneira que pode não ser vivenciada como um ato de vontade ou uma escolha deliberada. O cuidado nem sempre é consensual, nem sempre tem a forma de um contrato: pode ser uma forma de se destruir, dia a dia, em razão das demandas de uma criatura chorosa e faminta. Mas há aqui uma afirmação mais ampla, que não depende de nenhuma explicação particular da organização social da maternidade ou do cuidado. Nossa relação de permanente dependência com as formas sociais e econômicas de apoio à própria vida não é algo que abandonamos – não é uma dependência que, com o tempo, se converte em independência. Quando não há nada de que depender, quando as estruturas sociais falham ou inexistem, a própria vida vacila ou fracassa: a vida se torna precária. Essa condição duradoura pode ser mais pungente no cuidado de crianças e idosos, ou pessoas com deficiências, mas todos nós estamos sujeitos a essa condição.

O que significa "ser entregue"? Isso implica sermos aqueles a quem se entrega alguém? Somos ao mesmo tempo entregues e aqueles a quem se entrega o outro – uma espécie de assimetria para cada um que, não obstante, é uma reciprocidade quando compreendida como uma relação social? Quando o mundo nos frustra, quando nós mesmos nos tornamos destituídos do mundo em sentido social, o corpo sofre e manifesta sua precariedade. Esse modo de manifestar a precariedade é, ou traz em si, uma demanda política e até mesmo uma expressão de indignação. Ser um corpo diferencialmente exposto ao dano ou à morte é justamente manifestar uma forma de precariedade, mas também sofrer uma forma de desigualdade injusta. Assim, a situação de muitas populações cada vez mais sujeitas a uma precariedade invivível nos coloca a questão das obrigações globais. Se nos perguntarmos por que devemos nos preocupar com quem sofre longe de nós, a resposta não pode ser encontrada em justificativas paternalistas, mas no fato de que habitamos o mundo juntos, em relações de interdependência. O destino de cada um de nós está, por assim dizer, nas mãos dos outros.

Assim, afastamo-nos da figura de Robinson Crusoé, com a qual começamos. Pois, ao contrário dele, o sujeito corporificado é definido por sua falta de autossuficiência. E isso também nos dá uma indicação do modo como o anseio, o desejo, a raiva e a ansiedade aparecem na cena, ainda mais em condições em que a exposição se torna insuportável ou a dependência se torna incontrolável.

Suportar essas condições pode levar a uma raiva compreensível. Sob quais condições a interdependência se torna uma cena de agressão, conflito e violência? Como podemos entender o potencial destrutivo desse laço social?

VIOLÊNCIA E NÃO VIOLÊNCIA

Filósofos da moral e teólogos perguntaram: o que fundamenta a afirmação de que é errado matar e é justificada a interdição de matar? A maneira usual de lidar com esse problema é perguntar se essa interdição, essa proibição ou esse mandamento é absoluto; se tem um estatuto teológico ou convencional; se é uma questão de direito ou de moral. Essa abordagem é invariavelmente acompanhada de outra questão, a saber, se há exceções legítimas nas quais ferir ou até mesmo matar é justificável. E, a partir daí, os debates tendem a enveredar por quais são essas exceções, se é que existem, e o que elas indicam sobre o caráter, que não é absoluto, dessa proibição. Em geral, a autodefesa entra no debate nesse estágio.

A exceção à regra é importante, talvez mais que a regra em si. Por exemplo, se existem exceções à proibição de matar, e se tais exceções existem *sempre*, isso sugere que a proibição de matar não é absoluta. Trata-se de uma proibição que ocasionalmente não se impõe, reprime-se ou suspende seus próprios poderes de restrição.

"Autodefesa" é um termo altamente ambíguo, como podemos perceber nas formas militaristas de política externa, que justificam os ataques como sendo autodefesa, e no direito estadunidense contemporâneo, que prevê o assassinato preventivo. Pode estender-se, e na prática estende-se, à defesa de entes queridos, crianças, animais ou outros seres considerados próximos – relações que fazem parte de um sentido mais amplo do eu. Portanto, é válido perguntar o que define e limita essas relações, o que torna a concepção do eu mais complexa para, assim, abranger grupos de outros e por que esses outros são normalmente compreendidos como aparentados por laços de sangue ou conjugais? Há uma distinção bastante arbitrária e duvidosa entre quem é próximo – em nome de quem alguém pode cometer uma violência e até mesmo um assassinato – e quem é distante – em nome de quem, em defesa de quem, alguém *não pode* matar. Assim, quem e o que é parte do eu que somos, e quais relações estão incluídas na rubrica do "eu" a se defender? Estamos eticamente mais obrigados a preservar a vida de quem é próximo de nós que defender a vida de quem é considerado distante de nós em sentido geográfico, econômico ou cultural?

Se defendo a mim e as pessoas consideradas parte de mim (ou próximas o suficiente para eu conhecê-las e amá-las), então, sim, esse eu que sou é relacional; mas tais relações, consideradas como pertencentes à esfera do eu, limitam-se a quem é próximo e semelhante a mim. Tenho justificativa para usar violência a fim de defender quem pertence à esfera ou regime do meu eu. Portanto, determinado grupo está coberto por minha reivindicação expandida de autodefesa, e as pessoas pertencentes a esse grupo são entendidas como dignas de uma proteção violenta contra a violência, ou seja, uma violência cometida contra outrem para que não seja cometida contra meus próximos. A interdição à violência ressurge na exceção. A interdição de cometer atos violentos é imposta a outro grupo, aquele que *não* é da esfera do eu. E, na ausência dessa interdição atuante, eu, ou nós, aparentemente temos justificativa para matar.

Além disso, quando chegamos ao ponto de uma pessoa, ou seu grupo, defender violentamente o que considera ser seu "eu" contra a violência, não se trata apenas de uma exceção ampla e significativa à proibição da violência, mas a distinção começa a ruir entre a força da interdição e a violência proibida. A exceção à interdição possibilita uma situação de *guerra*, em que é sempre correto defender-se e defender os seus de forma violenta e em nome da autodefesa, mas com certeza não é correto defender toda uma multidão de outros que não pertencem ao eu. E isso significa que sempre haverá pessoas cuja vida eu *não* defendo e sempre haverá pessoas que tentarão cometer violência contra outras pessoas cuja vida está intrinsecamente ligada à minha, que são parte da esfera estendida do meu eu, o que inclui aqueles outros que reconheço como tendo direito a reivindicar meu dever ético. Em tais momentos, a interdição da violência se revela, mais uma vez, não absoluta. E a exceção à interdição se torna um potencial estado de guerra ou, ao menos, um estado coextensivo à lógica da guerra. Se alguém mata em favor desta ou daquela pessoa que lhe é próxima ou associada, o que, afinal, distingue o próximo do não próximo e em que condições essa distinção poderia ser considerada eticamente justificável?

Evidentemente, quem defende a intervenção internacional em nome dos direitos humanos, inclusive os que nos Estados Unidos chamamos de "*liberal hawks*"*, argumentaria que a consequência disso é que nós, especialmente no Primeiro Mundo, deveríamos estar sempre preparados para entrar em guerra

---

* Literalmente, "falcões liberais". O termo *liberal hawks* é usado para nomear intelectuais progressistas dos Estados Unidos que apoiam uma política internacional intervencionista, como a intervenção no Iraque em 2003. (N. T.)

a favor de todos. Mas meu argumento é definitivamente diferente. As exceções à norma da não violência começam, na verdade, a desenvolver formas de identificação de grupo, ou até mesmo de nacionalismo, que resultam em uma lógica de guerra. Funciona assim: a afirmação de que estou disposta a defender pessoas que são *semelhantes* a mim, ou que poderiam ser compreendidas como parte do regime generalizado do meu eu, mas não defendo quem é diferente de mim, converte-se muito facilmente na afirmação de que defenderei somente as pessoas que são semelhantes a mim, ou são reconhecíveis por mim, e eu as defenderei *contra* quem não é reconhecível por mim e com quem pareço não ter laços de pertencimento. Com esses exemplos, a questão que estou tentando apresentar é se existe uma norma invocada para distinguir quem pertence ao grupo cuja vida vale a pena ser salva de quem não pertence a esse grupo e cuja vida não vale a pena ser salva nem defendida. Pois, na forma como funciona a exceção à interdição da violência, está implícito que existem pessoas que se entende que pertencem ao grupo e merecem proteção contra a violência e pessoas que não pertencem ao grupo e em relação às quais pode-se muito bem invocar o princípio da não violência e recusar-se a intervir em seu nome.

Embora possa soar cínica, a intenção é apenas ressaltar o fato de que alguns de nossos princípios morais podem muito bem já estar sob o domínio de outros quadros referenciais e interesses políticos. A distinção entre as populações que são dignas e as que não são dignas de defesa violenta implica que algumas vidas são consideradas mais valiosas que outras. Minha proposição, portanto, é considerar que o princípio pelo qual a exceção à não violência é identificada também é, ao mesmo tempo, uma medida para diferenciar as populações: aquelas pelas quais *não* há disposição para sofrer, ou não são consideradas enlutáveis, e aquelas pelas quais *há* disposição para sofrer e cuja morte deveria ser evitada em todas as circunstâncias.

Assim, se fazemos exceções ao princípio da não violência, isso mostra que estamos dispostos a lutar e ferir, e talvez até matar, e apresentar motivos morais para agir dessa maneira. De acordo com essa lógica, fazemos isso em autodefesa ou em defesa das pessoas que pertencem a um regime mais amplo do eu – com as quais a identificação é possível ou que são reconhecidas como constituintes de um domínio social ou político mais amplo do eu ao qual se pertence. E, se essa última proposição (há pessoas que estou disposta a ferir ou matar em nome daquelas outras com quem compartilho uma identidade social ou a quem amo de alguma forma essencial para quem sou), então há uma justificativa moral para a violência que surge precisamente de uma base demográfica.

O que a demografia faz no meio desse debate moral sobre as exceções à interdição da violência? Estou apenas sugerindo que aquilo que começa como um quadro de referência moral para compreender a não violência transforma-se em um problema diferente: um problema político. No primeiro caso, a norma que invocamos para distinguir as vidas que estamos dispostos a defender daquelas que, na prática, são dispensáveis faz parte de um funcionamento mais amplo do biopoder que, de modo injustificável, distingue entre vidas enlutáveis e vidas não enlutáveis.

No entanto, se aceitamos a noção de que todas as vidas são igualmente enlutáveis e, portanto, que o mundo político deveria ser organizado de tal forma que esse princípio seja reafirmado pela vida econômica e institucional, chegamos a uma conclusão diferente e, talvez, a outra forma de abordar o problema da não violência. Afinal, se uma vida for considerada, desde o início, enlutável, todas as precauções serão tomadas para preservá-la e salvaguardá-la de danos e destruição. Em outras palavras, aquilo que chamaríamos de "igualdade radical dos enlutáveis" poderia ser entendido como precondição demográfica para uma ética da não violência que não comporta exceções. Não estou dizendo que ninguém deve se defender nem que não há casos em que a intervenção não seja necessária. Pois a não violência não é um princípio absoluto, mas uma luta aberta contra a violência e suas forças compensatórias.

Eu gostaria de sugerir que uma *abordagem inteiramente igualitária da preservação da vida* significa adotar uma perspectiva de democracia radical na consideração ética acerca da melhor forma de praticar a não violência. Dentro desse imaginário, desse experimento que enxerga o mundo dessa maneira, não haveria diferença entre vidas que merecem ser preservadas e vidas potencialmente enlutáveis. O direito ao luto rege o modo como as criaturas vivas são tratadas e revela-se uma dimensão integral da biopolítica e das formas de pensar a igualdade entre os seres vivos. Minha outra proposição é que esse argumento a favor da igualdade tem relação direta com a ética e a política da não violência. Uma prática não violenta pode muito bem incluir a proibição de matar, mas não pode ser reduzida a essa proibição. Por exemplo, uma possível resposta a um posicionamento "pró-vida" é defender o valor igual da vida e mostrar que o posicionamento "pró-vida" está comprometido, na verdade, com a *desigualdade* de gênero, pois atribui a uma vida embrionária o direito à vida enquanto destrói o apelo legítimo das mulheres à sua própria vida, em nome da liberdade e da igualdade. O posicionamento "pró-vida" é incompatível com a igualdade social e aumenta a diferença entre o enlutável e o não enlutável. E, mais uma vez, as mulheres se tornam não enlutáveis.

Se nossas práticas éticas e políticas permanecerem restritas a um modo de vida individual ou de tomada de decisão individual, ou a uma ética da virtude que se reflete em quem somos como indivíduos, corremos o risco de perder de vista aquela interdependência social e econômica que estabelece uma versão corporificada de igualdade. Essa condição, por sua vez, nos expõe à possibilidade de abandono ou destruição, mas também delineia as obrigações éticas para impedir tais consequências.

Que diferença tal quadro referencial representa para nossa reflexão? A maioria das formas de violência está comprometida com a desigualdade, quer esse comprometimento seja explicitamente tematizado, quer não. E, em qualquer ocasião, a construção da decisão de usar ou não a violência inclui uma série de suposições sobre as pessoas em relação às quais a violência será ou não exercida. Por exemplo, é impossível respeitar uma interdição contra a violência caso não se possa nomear ou conhecer a criatura viva que deve ter a vida valorizada. Se a pessoa, o grupo ou a população já não forem considerados existentes e vivos, como entender a ordem para não matar? Faz sentido supor que apenas aqueles que são considerados vivos podem ser efetivamente nomeados e protegidos por uma interdição contra a violência. Mas um segundo argumento é necessário. Se a interdição de matar se baseia no pressuposto de que todas as vidas são valiosas – que possuem valor *como vidas*, em sua condição de seres vivos –, então a universalidade da alegação só se mantém caso esse valor se aplique igualmente a todos os seres vivos. Isso significa que temos de pensar não apenas nas pessoas, mas também nos animais; e não apenas nas criaturas vivas, mas também nos processos vivos, sistemas e formas de vida.

Há um terceiro ponto: uma vida tem de ser enlutável – isto é, sua perda tem de ser conceitualizável *como uma perda* – para que a interdição da violência e da destruição inclua essa vida entre os seres vivos a ser protegidos da violência. A condição sob a qual algumas vidas são mais enlutáveis que outras significa que a condição de igualdade não pode ser satisfeita. Consequentemente, a proibição de matar, por exemplo, se aplicará apenas àquelas vidas que são enlutáveis, não àquelas que já são consideradas não enlutáveis (que já são consideradas perdidas e, portanto, nunca plenamente vivas). Desse modo, se uma ética da não violência deve pressupor e afirmar o valor igual das vidas, a distribuição diferencial do direito ao luto deve ser enfrentada. Portanto, essa distribuição desigual poderia ser um quadro de referência para a compreensão da produção diferencial de seres humanos e outras criaturas em uma estrutura de desigualdade, talvez uma estrutura violenta de denegação violenta. Afirmar que a igualdade se estende formalmente a todos os seres humanos é esquivar-se da questão fundamental a respeito de como o humano é produzido, ou melhor, quem é produzido como ser humano reconhecível e valioso e quem não o é. Para que faça sentido como conceito, a igualdade deve implicar essa extensão formal a todos os seres humanos, mas, mesmo nesse caso, fazemos uma suposição de quem é integralmente incluído, de quem é parcialmente incluído e de quem é totalmente excluído da categoria de ser humano; quem está totalmente vivo ou parcialmente morto; quem será digno de luto se perder a vida e quem não o será por estar morto social e efetivamente. Por esse motivo é que não podemos tomar o ser humano como base para nossa análise, tampouco o estado de natureza: o humano é um conceito que varia historicamente e se articula de modo diferente no contexto de formas não igualitárias de poder social e político; o campo do humano é constituído por exclusões básicas, assombrado por figuras que não são levadas em conta na totalização. Para todos os efeitos, estou perguntando como a distribuição desigual do direito ao luto invade e distorce nossas formas deliberadas de pensar sobre a violência e a não violência. Poderíamos supor que qualquer consideração sobre o direito ao luto se refere apenas às pessoas mortas. Mas meu argumento é que o direito ao luto opera já na vida, que se trata de uma característica atribuída às criaturas vivas, marcando seu valor em um sistema de valores e determinando diretamente se essas criaturas serão tratadas de forma igual e justa. Ser enlutável é ser interpelado de tal maneira que sabemos que nossa vida importa, que a perda de nossa vida importa, que nosso corpo é tratado como um corpo que deve ser capaz de viver e se desenvolver, cuja precariedade deve ser reduzida, e para o qual devem estar reunidas as condições para prosperar. A suposição de um igual direito ao luto não seria apenas uma convicção ou uma atitude com a qual outra pessoa nos saúda, mas um princípio que ordena a organização social de saúde, alimentação, moradia, emprego, vida sexual e vida cívica.

Ao sugerir que o potencial violento assoma como característica de todas as relações de interdependência e que um conceito de laço social que assume a interdependência como característica constitutiva é um conceito que sempre leva em consideração as formas de ambivalência, aceito que o conflito é um potencial permanente, que nunca é superado de forma definitiva. Estou menos interessada em afirmar que o conflito é uma característica intrínseca de algo chamado "laço social" (como se houvesse apenas um) que propor que, ao considerar relações sociais específicas, podemos e devemos nos perguntar sobre a condição de ambivalência dessas relações – ainda mais quando elas envolvem dependência, ou interdependência. Podemos ter todos os motivos para pensar sobre as relações sociais, mas, na medida em que são caracterizadas pela interdependência, torna-se possível, a meu ver, nos perguntarmos sobre *a ambivalência* e *a denegação* não apenas como características de uma realidade psíquica autônoma, mas como *características psíquicas das relações sociais* – características que têm implicações para a compreensão do problema da violência em um quadro relacional, designando essa convergência, portanto, como psicossocial[16]. Evidentemente, isso não significa que pensamos sobre a violência apenas dessa forma, ou mesmo que essa seja a melhor maneira de pensar a seu respeito. Existem diferenças, por exemplo, entre a violência física, a jurídica e a institucional que devem ser compreendidas. Minha aposta, nestes capítulos, é que podemos ter uma ideia da forma como os pressupostos demográficos permeiam nossos debates sobre a violência, em especial quando assumem a forma de operações fantasmáticas que estimulam e interrompem os esforços para refletirmos sobre a violência em suas instâncias justificáveis e injustificáveis[17].

Tenho procurado demonstrar como a igualdade, que agora inclui a ideia de um direito igualitário ao luto, associa-se à interdependência e aos questionamentos sobre por que e como praticar uma não violência do tipo militante. Um motivo pelo qual uma *abordagem igualitária do valor da vida* é importante é que ela parte de ideais de democracia radical, ao mesmo tempo que participa das considerações éticas sobre a melhor maneira de praticar a não violência. A existência institucional da violência não será derrubada por uma proibição, apenas por um *éthos* e uma prática anti-institucionais[18].

---

[16] Ver Stephen Frosh (org.), *Psychosocial Imaginaries* (Londres, Palgrave, 2015).

[17] Ao longo deste texto, sigo a prática kleiniana de distinção entre fantasia, considerada um estado de consciência análogo a um desejo ou devaneio, e *phantasia*, entendida como uma atividade inconsciente que opera por projeção e introjeção e confunde a fronteira entre o afeto que emerge de dentro do sujeito e aquele que pertence a um mundo objetivo. Embora eu não tente seguir Klein de forma rigorosa, pretendo sugerir, por exemplo, que os fantasmas raciais, por mais conscientes que sejam, são sustentados por mecanismos de conversão inconsciente do afeto; mecanismos esses que se equivocam entre o que pertence ao indivíduo e o que pertence ao outro. Embora eu não aceite uma distinção estrita entre vida mental consciente e vida mental inconsciente, insisto que as formas sociais de poder, como o racismo, podem moldar os sujeitos de maneiras inconscientes, estabelecendo padrões mentais profundos e letais. Ver p. 42 deste livro para uma discussão mais detalhada.

[18] Ver Marc Crepon, *Murderous Consent* (trad. Michael Loriaux e Jacob Levi, Nova York, Fordham University Press, 2019); Adriana Cavarero e Angelo Scola, *Thou Shalt Not Kill:*

A interdependência sempre traz a questão da destrutividade, que é um componente potencial de qualquer relação viva. E, no entanto, a organização social da violência e do abandono – que atravessa tanto os processos soberanos quanto os processos biopolíticos do poder – constitui o horizonte contemporânco no qual temos de refletir sobre a prática da não violência. Vale a pena repetir: se a prática permanece restrita a um modo de vida individual ou de tomada de decisão, perdemos de vista aquela interdependência que, por si só, articula o caráter relacional da igualdade, bem como a possibilidade de destruição que é constitutiva das relações sociais.

Isso me leva a um ponto-final: a postura ética da não violência tem de estar ligada a um compromisso com a igualdade radical. E, em termos mais específicos, a prática da não violência requer oposição às formas biopolíticas de racismo e às lógicas de guerra que fazem distinção entre as vidas que merecem defesa e as que não a merecem – populações concebidas como dano colateral ou como obstáculo a pretensões políticas e militares. Além disso, temos de considerar como a lógica da guerra tácita participa do controle biopolítico das populações: se vierem imigrantes, eles vão nos destruir, ou vão destruir a cultura, ou vão destruir a Europa ou o Reino Unido. Essa convicção autoriza a destruição violenta – ou a lenta morte em vida nos campos de detenção – contra a população que é interpretada, de modo fantasmático, como o centro da destruição. De acordo com essa lógica de guerra, trata-se de fazer uma escolha entre a vida dos refugiados e a vida de quem reivindica o direito de ser defendido contra os refugiados. Em tais casos, uma versão racista e paranoica de autodefesa autoriza a destruição de outra população.

Como consequência, a prática ética e política da não violência não pode se basear exclusivamente no encontro diádico nem no fortalecimento de uma proibição. Tal prática exige uma oposição política às formas biopolíticas de racismo e à lógica de guerra, uma lógica que depende de inversões fantasmagóricas que obstruem o caráter obrigatório e interdependente do laço social. Exige também uma explicação do porquê e sob quais condições os quadros referenciais para compreender a violência e a não violência, ou a violência e a autodefesa, parecem se converter um no outro, provocando uma confusão quanto à melhor forma de definir esses termos. Por que uma petição pela *paz* é chamada de ato "violento"? Por que uma barreira humana que impede a ação

---

A Political and Theological Dialogue (trad. Margaret Adams Groesbeck e Adam Sitze, Nova York, Fordham University Press, 2015).

da polícia é chamada de ato de agressão "violenta"? Sob quais condições e no interior de quais quadros referenciais ocorre a inversão entre violência e não violência? Não há como praticar a não violência sem antes interpretar violência e não violência, principalmente em um mundo em que a violência é cada vez mais justificada em nome da segurança, do nacionalismo e do neofascismo. O Estado monopoliza a violência ao chamar seus críticos de "violentos": sabemos disso desde Max Weber, Antonio Gramsci e Walter Benjamin[19]. Portanto, devemos ter cuidado com aqueles que alegam que a violência é necessária para conter ou controlar a violência; aqueles que enaltecem as forças da lei, inclusive a polícia e as prisões, como árbitros finais. Opor-se à violência é compreender que ela nem sempre assume a forma de um soco. As formas institucionais pelas quais a violência opera nos obrigam a perguntar: a vida de quem aparece como vida e a perda de quem seria registrada como perda? Como esse imaginário demográfico funciona na ética, nas políticas e na própria política? Se operamos num horizonte em que a violência não pode ser identificada, em que vidas desaparecem do reino dos vivos antes de serem assassinadas, não seremos capazes de pensar, saber ou agir de maneiras que incorporem o político ao ético – isto é, de maneiras que compreendam a afirmação das obrigações relacionais em esfera global. Em certo sentido, temos de escancarar o horizonte desse imaginário destrutivo em que tantas desigualdades e apagamentos acontecem hoje. Devemos combater aqueles que estão comprometidos com a destruição, sem reproduzir sua destrutividade. Compreender como lutar dessa maneira é a tarefa e o dever de uma ética e uma política não violentas.

---

[19] Ver a definição de Estado de Weber como "uma comunidade humana que se atribui (com êxito) o monopólio legítimo da violência física, nos limites de um território definido". Max Weber, "Politics as a Vocation", em *From Max Weber: Essays in Sociology* (trad. H. H. Gerth e C. Wright Mills, Oxford, Oxford University Press, 1946), p. 78 [ed. bras.: *A política como vocação*, trad. Maurício Tragtemberg, Brasília, Editora UnB, 2003, p. 9]. Uma análise mais completa da violência e da coerção teria de considerar a noção de Gramsci de que a hegemonia de classe é mantida por meio de coerção, que funciona como consenso, sem ameaça manifesta de força física. Em *Cadernos do cárcere*, por exemplo, ele se refere ao que é necessário para facilitar a adaptação a uma nova forma de trabalho, argumentando que "a pressão coercitiva é exercida sobre todo o complexo social [...], desenvolvem-se ideologias puritanas, que dão a forma exterior da persuasão e do consenso ao uso intrínseco da força"; Antonio Gramsci, *Prison Notebooks* (trad. Anthony Buttigieg, Nova York, Columbia University Press, 1992), v. 1, p. 138 [ed. bras.: *Cadernos do cárcere*, ed. e trad. Carlos Nelson Coutinho, Rio de Janeiro, Civilização Brasileira, 2001, v. 4, p. 263].

Em outras palavras, não precisamos de uma nova formulação do estado de natureza, mas precisamos, *sim*, de um estado de percepção alterado, de outro imaginário, que nos desvie das tendências políticas atuais. Tal imaginário nos ajudaria a encontrar nosso caminho em direção a uma vida ética e política na qual agressão e tristeza não se convertem imediatamente em violência; na qual podemos ser capazes de suportar a dificuldade e a hostilidade de laços sociais que nunca escolhemos. Não é necessário amarmos uns aos outros para termos a obrigação de construir um mundo em que todas as vidas são sustentáveis. O direito de continuar existindo só pode ser entendido como um direito social, como instância subjetiva de uma obrigação social e global que temos uns com os outros. Interdependente, nossa continuidade é relacional, frágil, às vezes conflituosa e insuportável, às vezes gratificante e feliz. Muitas pessoas dizem que não é realista defender a não violência, mas talvez elas estejam perdidamente apaixonadas pela realidade. Quando lhes pergunto se gostariam de viver em um mundo em que ninguém defendesse a não violência, no qual ninguém exigisse essa impossibilidade, invariavelmente respondem que não. O mundo impossível é aquele que existe para além do horizonte de nosso pensamento atual – e não se trata nem do horizonte de uma guerra terrível nem do ideal de uma paz perfeita. Trata-se de uma luta aberta, necessária para preservar nossos laços de tudo aquilo que, neste mundo, tem o potencial de destruí-los. Conter a destruição é fazer uma das afirmações mais importantes que podemos fazer neste mundo. É a afirmação desta vida, ligada à sua, leitor ou leitora, e ao reino dos vivos: uma afirmação atrelada ao potencial de destruição e à sua força contrária.

2

PRESERVAR A VIDA DE OUTREM

Proponho uma questão relativamente simples, que de imediato poderíamos identificar como parte da psicologia moral, ou talvez da filosofia moral: o que nos leva a tentar preservar a vida de outrem? É evidente que os debates sobre a preservação da vida, assim como aqueles sobre liberdade reprodutiva e tecnologia, cuidados com a saúde, leis e prisões, têm influência sobre a ética médica. Embora eu não vá entrar aqui nos detalhes desses debates, espero que parte de minha argumentação tenha impacto sobre o modo como os iniciamos. E, mais que isso, quero apontar uma característica desses debates que diz respeito a quando e onde a preservação da vida é evocada: invariavelmente fazemos suposições sobre o que conta como vida. Essas suposições não incluem apenas quando e onde começa a vida ou como deve terminar, mas também, talvez, em outro registro, *a quem pertence a vida* que conta como vida.

Assim, quando perguntamos "Por que tentamos preservar a vida de outrem?", a questão poderia ser o que nos motiva a fazer isso ou, então, o que *justifica* esse tipo de ação – ou, na verdade, o que define como moralmente injustificável recusar-se ou ser incapaz de preservar uma vida. A primeira pergunta é psicológica, se bem que claramente pertence à psicologia moral. A segunda pertence à filosofia moral, ou à ética, campos que às vezes se fundamentam na psicologia moral para fazer suas afirmações. Mas será que essas perguntas entram também no campo da teoria social e da filosofia política?

Tudo depende de como fazemos a pergunta e de quais pressupostos partimos ao fazê-las. Por exemplo, faz diferença se a pergunta se refere a uma pessoa específica: o que nos leva a tentar preservar a vida de tal pessoa? É diferente de perguntarmos se tentamos preservar a vida de um grupo com o qual nos identificamos fortemente, de membros de grupos vulneráveis que nos parecem sob risco de violência ou destruição ou de todas as pessoas vivas. Perguntar o que nos leva a tentar preservar a vida de determinada pessoa pressupõe uma relação diádica: pode ser alguém que conheço ou não; em todo caso, sob determinadas circunstâncias, posso estar em posição de evitar o perigo ou impedir a força destrutiva que ameaça a vida dessa pessoa. O que faço e por que o faço? E o que justifica a ação que acabo realizando? Essas questões parecem pertencer ao campo da filosofia moral e da psicologia moral, sem esgotar a gama de questões consideradas nesses campos. Perguntar se preservar a vida de determinado grupo – perguntar o que justifica esse tipo de ação – pressupõe o que poderíamos chamar de uma consideração "biopolítica". A biopolítica pede que consideremos não apenas o que conta como vida, mas de quem é a vida considerada digna de ser preservada. Sob determinadas condições, faz sentido perguntar de quem é a vida que *conta como vida*, mesmo quando essa formulação parece tautológica: mesmo sendo uma vida que não conta, não é ainda assim uma vida?

Retornarei a essa pergunta no próximo capítulo. Por ora, retomemos aquela pela qual comecei: o que nos leva a tentar preservar a vida de outrem? Essa é uma questão que, de uma forma ou de outra, deve ser feita não apenas aos indivíduos, mas também aos arranjos institucionais, aos sistemas econômicos e às formas de governo: que estruturas e instituições temos para salvaguardar a vida de uma população ou mesmo de todas as populações? Recorreremos à psicanálise para entender que razões são apresentadas para *não* se tirar uma vida e tentar preservá-la. Não se trata de refletir sobre a relação da psicologia do indivíduo com a psicologia do grupo, já que as duas invariavelmente se sobrepõem, e até nossos dilemas individuais e subjetivos nos envolvem num mundo político mais amplo. O "eu" e o "você", o "eles" e o "nós" implicam uns aos outros, e essa implicação não é apenas lógica: ela é vivenciada como um laço social ambivalente, que coloca continuamente a exigência ética da negociação da agressão. Logo, se começamos a investigação moral com o uso acrítico do "eu", ou mesmo do "nós", ocluímos uma investigação anterior e pertinente que considera o modo como tanto o sujeito singular quanto o plural são formados e contestados pelas relações que eles tentam pactuar por meio da reflexão moral.

O modo como essa questão é apresentada leva a outra: a do paternalismo. Quem pertence ao grupo que "preserva" e de quem é a vida que se imagina necessitar de "preservação"? Será que "nós" também não precisamos ter a vida preservada? Será que a vida de quem faz a pergunta é igual à vida sobre a qual é feita a pergunta? Será que nós que fazemos a pergunta também consideramos nossa vida digna de ser preservada? E se for o caso, quem a preserva? Ou, ao contrário, será que presumimos o valor de nossa vida, presumimos que tudo é feito para que ela seja preservada, de modo que "nós" fazemos a pergunta em relação a um "outrem" que não vive segundo esses pressupostos? Será que o "nós" é realmente dissociável daquelas "outras" vidas que tentamos preservar? Se existe um "nós" que tenta solucionar esse problema, e existe portanto um "outrem" que é destinatário dessas nossas deliberações, será que assumimos que há uma divisão, provavelmente paternalista, entre quem detém o poder – ou é investido do poder – de preservar a vida (ou aqueles de nós para quem existe um poder que já tenta preservar nossa vida) e aquelas vidas que correm o risco de não serem preservadas (ou seja, ameaçadas por uma forma de violência, deliberada ou culposa, cuja sobrevivência só pode ser contestada por uma espécie de poder contrário)?

Isso acontece, por exemplo, quando se identificam "grupos vulneráveis". Por um lado, o discurso sobre "grupos vulneráveis" ou "populações vulneráveis" tem sido importante tanto para o trabalho feminista a favor dos direitos humanos quanto para a ética do cuidado[1]. Pois, se um grupo é denominado "vulnerável", ele adquire uma condição que lhe permite reivindicar proteção. A pergunta que surge, então, é: a quem essa denominação é dada e que grupo é encarregado da proteção dos vulneráveis? Por outro lado, quem tem a responsabilidade pelos grupos vulneráveis se desembaraçara da vulnerabilidade graças à prática dessa denominação? O principal, evidentemente, é ressaltar a distribuição desigual da vulnerabilidade. Mas se essa denominação faz uma distinção implícita entre os grupos vulneráveis e os não vulneráveis – e encarrega estes últimos da obrigação de proteger os primeiros –, então a formulação faz duas suposições problemáticas: primeira, trata os grupos como se já fossem constituídos como vulneráveis ou não vulneráveis; segunda, reforça uma forma paternalista de poder no exato momento em que obrigações sociais recíprocas são mais urgentes.

---

[1] Ver Martha Fineman, "The Vulnerable Subject: Anchoring Equality in the Human Condition", *Yale Journal of Law and Feminism*, v. 20, n. 1, 2008; Lourdes Peroni e Alexandra Timmer, "Vulnerable Groups: The Promise of an Emerging Concept in European Human Rights Convention Law", *International Journal of Constitutional Law*, v. 11, n. 4, 2013, p. 1.056-85. Ver também Joan C. Tronto, *Moral Boundaries: A Political Argument for an Ethic of Care* (Nova York, Routledge, 1994); *Caring Democracy: Markets, Equality, Justice* (Nova York, New York University Press, 2013); Daniel Engster, "Care Ethics, Dependency, and Vulnerability", *Ethics and Social Welfare*, v. 13, n. 2, 2019; e Fabienne Brugère, *Care Ethics: The Introduction of Care as Political Category* (Leuven, Peeters, 2019).

Aqueles que compreendem responderem a uma reivindicação ética para salvaguardar a vida – até mesmo para protegê-la – podem se descobrir endossando uma hierarquia social na qual, por motivos aparentemente morais, distinguem-se os vulneráveis dos detentores do poder paternalista. É possível afirmar, é claro, que essa distinção é verdadeira descritivamente, porém, quando ela se torna a base de uma reflexão moral, a hierarquia social é dotada de uma racionalização moral, e o raciocínio moral rivaliza com a norma desejável de uma condição recíproca ou partilhada de igualdade. Seria estranho, ou mesmo absolutamente paradoxal, que uma política baseada na vulnerabilidade acabasse por fortalecer hierarquias que precisariam ser urgentemente derrubadas.

Comecei apresentando uma pergunta sobre as motivações psicológicas para se preservar a vida de outra pessoa, ou outras pessoas, e tentei mostrar que tal pergunta, talvez a despeito de si mesma, acaba levando a um problema político relativo à gestão das diferenças demográficas e dos estratagemas éticos das formas paternalistas de poder. Até o momento, minha investigação deixa criticamente inexplorados termos importantes como "vida", "vivos", o significado de "preservar" e "proteger" e se essas ações podem ser entendidas como recíprocas, de modo que quem preserva potencialmente a vida dos outros também necessita potencialmente de preservação – assim como as implicações para condições potencialmente compartilhadas de vulnerabilidade e exposição, as obrigações envolvidas e as formas de organização política e social exigidas.

Minha investigação pretende indagar a possibilidade de salvaguarda da vida contra os modos de destruição, inclusive os que nós mesmos desencadeamos. Minha aposta é que não apenas podemos encontrar maneiras de preservar a vida que temos o poder de destruir, mas também que, a fim de preservá-la, precisamos de infraestruturas organizadas para isso. (Obviamente existem infraestruturas que procuram não preservar vidas, portanto, a infraestrutura por si só não é condição suficiente para a preservação da vida.) Minha pergunta não é apenas *o que* nós, enquanto sujeitos moralmente responsáveis, fazemos ou nos recusamos a fazer para preservar uma vida ou um conjunto de vidas, mas *como* o mundo é construído de maneira que as condições infraestruturais de preservação da vida sejam reproduzidas e fortalecidas. É evidente que, em certo sentido, nós construímos esse mundo, mas, em outro, estamos numa biosfera, a qual inclui o mundo construído, que nós pessoalmente não construímos. Além disso, como sabemos pelo problema cada vez mais urgente das mudanças climáticas, o ambiente se altera em consequência da intervenção humana, suportando os efeitos de nosso próprio poder de destruir as condições de existência de formas de vida humana e não humana. Esse é outro motivo pelo qual uma crítica ao individualismo antropocêntrico se mostrará importante para o desenvolvimento de um *éthos* da não violência no contexto de um imaginário igualitário.

Um *éthos* da não violência, o que quer que isso venha a ser, acabará por se mostrar diferente tanto da filosofia moral quanto da psicologia moral, embora a investigação moral nos conduza a um ponto em que ela desemboca no campo psicanalítico e no político. Quando tomamos a psicologia moral como ponto de partida, como Freud certamente fez ao considerar as origens da destrutividade e da agressão, nosso raciocínio só faz sentido à luz das estruturas políticas fundamentais, inclusive de nossa suposição de que o potencial destrutivo é inerente a qualquer laço social. É claro que a vida aparece de uma forma ou de outra apenas quando é vista de uma perspectiva histórica, adquire e perde valor em função do quadro referencial em que é considerada. Isso não significa que qualquer quadro referencial tenha o poder de decidir o valor de uma vida. As diferentes maneiras de se medir o valor da vida são influenciadas por esquemas tácitos de valoração, de acordo com os quais a vida é considerada mais ou menos enlutável. Algumas vidas adquirem dimensões icônicas – vidas absoluta e claramente enlutáveis –, enquanto outras mal chegam a ser reconhecidas – vidas totalmente não enlutáveis, perdas que não são perdas. E há um vasto domínio de vidas cujo valor ocupa o primeiro plano em determinado quadro referencial e perde-se em outro – ou seja, cujo valor oscila. É possível afirmar que há um *continuum* do que é enlutável, mas esse quadro referencial não nos permite compreender situações em que, por exemplo, a perda de uma vida é ativamente lamentada pelo luto em uma comunidade e, ao mesmo tempo, não é notada – ou notável – em um quadro nacional ou internacional dominante. No entanto, essas situações são frequentes. Esse é um dos motivos pelos quais a comunidade enlutada é a mesma que protesta contra o fato de vidas serem consideradas não enlutáveis, não apenas pelos responsáveis por tirá-las, mas também por quem vive num mundo em que se pressupõe que essas vidas estão sempre acabando mesmo, que as coisas simplesmente funcionam assim. Essa é uma das razões pelas quais o luto pode ser protesto e os dois devem andar juntos quando as perdas não são publicamente reconhecidas e lamentadas. O protesto enlutado – e aqui podemos pensar na rede mundial Women in Black, nas Avós da Praça de Maio, na Argentina, ou nos amigos e nos familiares dos

43 de Ayotzinapa[2] – afirma que a vida perdida não deveria ter sido perdida, que ela é enlutável e deveria ter sido considerada como tal muito antes de qualquer dano. E exige provas jurídicas que estabeleçam a história da morte e o responsável por ela. A não explicação da morte violenta torna o luto impossível. Pois, embora se saiba da perda, não se sabe como a morte aconteceu – e, portanto, não se pode assinalar plenamente a perda. Sob esse aspecto, os mortos permanecem não enlutáveis.

Uma aspiração normativa desta obra é contribuir para a formulação de um imaginário político de igualdade radical no direito ao luto. Não se trata apenas do fato de todos termos o direito de lamentar os mortos, ou os mortos terem o direito de serem lamentados – isso, sem dúvida, é verdadeiro, mas não capta todo o sentido do que quero dizer. Há uma diferença entre uma pessoa ser digna de luto e essa mesma pessoa comportar, em vida, a característica do direito ao luto. O segundo caso envolve um tempo verbal condicional: as pessoas enlutáveis *seriam* lamentadas pelo luto se sua vida *fosse* perdida; as pessoas não enlutáveis são aquelas cuja perda não deixaria rastro ou, talvez, mal deixasse rastro. Portanto, se eu quisesse preconizar "a igualdade radical de todas as pessoas que *são* enlutáveis", não teria condições de me concentrar no modo diferencial como esse direito ao luto é distribuído, a ponto de algumas pessoas nunca alcançarem o nível de enlutáveis e não poderem ser compreendidas como vidas dignas de serem lamentadas. Assim como falamos de distribuição desigual de bens e recursos, acredito que podemos falar de distribuição radicalmente desigual do direito ao luto. Isso não significa que existe um centro de poder que faz essa distribuição de acordo com um cálculo, mas pode muito bem significar que esse tipo de cálculo permeia os regimes de poder de maneira mais ou menos tácita. E embora alguns pensem que preconizo que todos chorem a morte de outrem e questionem como podemos viver o luto por aqueles que nem sequer conhecemos, afirmo que esse luto assume uma forma diferente, até mesmo impessoal, quando a perda não é próxima, quando é distante ou mesmo anônima. Dizer que uma vida é enlutável é afirmar que, antes mesmo de ser perdida, essa vida é ou será merecedora de luto quando for perdida; a vida tem valor em relação à mortalidade. Tratamos uma pessoa de forma diferente quando trazemos para nosso

---

[2]   Ver Christy Thornton, "Chasing the Murderers of Ayotzinapa's 43", *Nacla*, 17 set. 2018. Disponível em: <https://nacla.org/news/2018/09/17/chasing-murderers-ayotzinapa's-43>; acesso em: 28 maio 2021.

comportamento ético para com o outro a noção do direito ao luto do outro. Se a perda do outro é registrada como perda, ela é notada e lamentada, e se a perspectiva da perda é temida e precauções são tomadas para proteger a vida contra dano e destruição, então nossa capacidade de valorar e salvaguardar uma vida depende de um senso contínuo de seu direito ao luto – o futuro presumido de uma vida como potencial indefinido seria lamentado caso fosse interrompido ou perdido.

O cenário que apresentei funciona como se o problema pertencesse a relações éticas estruturadas de forma diádica. Considero você enlutável e valioso, e talvez você me considere da mesma forma. Contudo, o problema vai além do diádico e exige repensarmos as políticas sociais, as instituições e a organização da vida política. De fato, se as instituições fossem estruturadas de acordo com o princípio de igualdade radical do direito ao luto, isso significaria que cada vida concebida nesses termos institucionais mereceria ser preservada, que sua perda seria notada e lamentada e que isso seria verdadeiro não apenas para esta ou aquela vida, mas para todas as vidas. Sugiro que teria implicações no modo como pensamos o atendimento à saúde, o encarceramento, as guerras, o trabalho e a cidadania, pois tudo isso parte de distinções entre populações mais ou menos enlutáveis.

E há ainda aquela questão delicada da vida, e quando a vida começa, e que tipos de seres vivos tenho em mente quando falo de "viventes": são sujeitos da espécie humana? Incluem embriões e, portanto, não são exatamente um "eles"? E quanto aos insetos, aos animais e outros organismos vivos – não são formas de vida que merecem ser protegidas da destruição? Trata-se de tipos diferentes de seres ou de processos ou relações vivas? E quanto a lagos, geleiras e árvores? Certamente podemos lamentar sua perda e, na condição de realidades materiais, também podem conduzir a um trabalho de luto[3].

Por ora, parece útil reiterar que o ético que estou articulando vincula-se a um imaginário político específico, um imaginário igualitário que exige um modo conjectural de proceder, um modo de experimentar o condicional: apenas as vidas enlutáveis, caso fossem perdidas, qualificam-se como vidas enlutáveis, e essas vidas são protegidas ativa e estruturalmente contra a violência e a destruição. Esse uso da forma verbal condicional é uma maneira de testarmos uma

---

[3] Ver Karen Barad sobre o luto pela matéria: Karen Barad, "Troubling Time/s and Ecologies of Nothingness: Re-Turning, Re-Membering, and Facing the Incalculable", *New Formations*, v. 92, 2017, p. 56-86.

possibilidade, supondo o que aconteceria se todas as vidas fossem consideradas enlutáveis; poderia nos fazer ver como se abre um horizonte utópico em meio a nossa reflexão acerca de quais são as vidas que importam e as vidas que não importam ou de quem são as vidas com maior ou menor probabilidade de serem preservadas. Em outras palavras, vamos incorporar nossas reflexões éticas a um imaginário igualitário. A vida imaginária passa a ser parte importante dessa reflexão, e até mesmo uma condição para a prática da não violência.

Em geral, quando nos confrontamos com dilemas morais sobre as condições em que a vida deveria ser preservada, formulamos hipóteses e depois as testamos, imaginando diversos cenários. Se eu fosse kantiana, poderia perguntar: se ajo de determinada maneira, posso, sem contradição, desejar que todas as pessoas ajam da mesma forma ou ao menos de acordo com o mesmo preceito moral? Para Kant, a questão é se, ao desejar isso, incorremos em contradição ou agimos de forma razoável. Ele nos oferece uma formulação negativa e outra positiva: "Devo portar-me sempre de modo que eu possa também querer que minha máxima se torne em lei universal"[4], e: "Procede segundo a máxima que possa ao mesmo tempo erigir-se em lei universal"[5]. Um dos exemplos que ele apresenta é o do juramento falso, feito com o propósito de livrar alguém de uma situação difícil. Esse caminho não parece funcionar, pois "percebo imediatamente que posso, de fato, querer mentir, mas não posso de forma alguma querer a mentira como lei universal"[6]. Outras pessoas, afirma ele, "me pagariam na mesma moeda" e "minha máxima, assim que fosse transformada em lei universal, estaria fadada a anular a si mesma"[7]. Assumo que, para ser razoável, não posso querer que o juramento falso se torne uma lei universal, pelo simples motivo de que não me agrada a ideia de que mintam para mim. Ainda assim, tenho de imaginar exatamente essa possibilidade se quero compreender o caráter contraditório de qualquer máxima que permita a mentira.

Para consequencialistas, é óbvio que imaginar as consequências de viver em um mundo no qual todas as pessoas agiriam como você escolhe agir leva à conclusão de que algumas práticas são completamente insustentáveis, não porque são

---

[4] Immanuel Kant, *The Moral Law: Groundwork of the Metaphysic of Morals* (trad. H. J. Paton, Nova York, Routledge, 1991), p. 73 [ed. bras.: *Fundamentação da metafísica dos costumes*, trad. Antonio Pinto de Carvalho, São Paulo, Companhia Editora Nacional, 1964, p. 62].

[5] Ibidem, p. 116 [p. 100].

[6] Ibidem, p. 75.

[7] Idem.

irracionais, mas porque têm danos indesejados como consequência. Nos dois casos, eu sugeriria que uma ação potencial é avaliada como hipoteticamente recíproca: o ato de uma pessoa retorna para ela na forma imaginada do ato de outra pessoa; essa outra pessoa pode agir em relação a mim como eu agiria em relação a ela, e as consequências são inaceitáveis porque são danosas. (Para Kant, o dano é causado à razão, embora não seja o caso para todos os filósofos morais que enveredam no hipotético.) A questão mais ampla é se eu gostaria de viver em um mundo no qual os outros agem da mesma maneira que me proponho agir quando postulo uma série de ações violentas. Mais uma vez, poderíamos concluir que seria irracional querer para mim o que eu não poderia querer para o outro. Ou podemos concluir que o próprio mundo não seria habitável se os outros agissem do modo que me proponho agir e, portanto, estaríamos apontando um limiar de habitabilidade.

Em qualquer um dos dois experimentos morais, imaginamos nosso próprio ato como um ato alheio, um ato potencialmente destrutivo que pode ser recíproco ou se reverter contra nós. É uma ideia difícil e perturbadora que me obriga a me privar de meu próprio ato. O ato que imagino não é mais aquele que me vejo realizar, mesmo que haja algo de mim nele. Tenho de atribuí-lo a outra pessoa, ou a um número infinito de outras pessoas, e então me distanciar do ato em si. Quando o ato retorna, impondo-se a mim como ato potencial de outrem, isso não deveria me causar surpresa, já que me distanciei do ato que pretendo analisar e o atribuí a toda e qualquer pessoa. Se o ato está ali, o ato de qualquer pessoa, e não é meu, de quem ele é? Assim começa a paranoia. Minha hipótese é de que essa forma de imaginação se entrecruza de várias maneiras relevantes com a psicanálise e com a descrição psicanalítica de fantasia: a ação de uma pessoa retorna a ela na forma da ação de um outro. A ação pode ser duplicada ou, em caso de agressão, ser considerada proveniente de um outro e dirigida contra aquela primeira pessoa. Em cenas de fantasia persecutória, o retorno imaginado da própria agressão por meio de uma figura externa é quase suportável. Se nos perguntarmos o que, na filosofia moral, vincula o ato de imaginar a ação recíproca (o que aconteceria se os outros agissem como eu ajo?) e as reviravoltas que ocorrem na fantasia (de quem é a agressão que retorna a mim sob uma forma externa – poderia ser minha?), podemos compreender o ato de imaginar uma ação recíproca como crucial para a compreender como a agressão de uma pessoa se vincula à da outra. Não se trata apenas de uma projeção especular ou uma falha cognitiva, mas uma forma de refletir sobre a agressão como parte de todo laço social. Se o ato que imagino realizar pode ser, em princípio, aquele que também me atinge, não há como separar a reflexão sobre a conduta individual das relações recíprocas que constituem a vida social. Esse postulado se mostrará importante para o argumento que espero defender sobre as vidas terem igual direito ao luto.

Minha sugestão é de que o ponto em que a filosofia moral está radicalmente implicada no pensamento psicanalítico é a dimensão fantasmática da *substitutibilidade*: a ideia de que uma pessoa pode ser substituída por outra e de que isso ocorre com bastante frequência na vida psíquica. Sendo assim, peço licença para reformular brevemente, à luz dessa tese, uma outra versão de certa visão consequencialista: se cogito uma ação de destruição e imagino que outras pessoas podem agir da mesma maneira que planejo agir, posso acabar me apresentando como alvo dessa ação. Isso poderia resultar em uma fantasia persecutória (ou *phantasia*, segundo a visão kleiniana, que a dota de um caráter inconsciente) forte o suficiente para me dissuadir de agir como pensava (ou, certamente, desejava) que poderia agir. A ideia de que outras pessoas poderiam fazer o que me proponho fazer, ou poderiam fazer comigo o que me proponho fazer com os outros, prova-se ingovernável. É óbvio que, se eu me convencer de que serei alvo de perseguição – sem perceber que a ação que imagino é, em parte, minha própria ação imaginada e que ela carrega meu próprio desejo –, posso construir um raciocínio para agir de forma agressiva contra uma agressão que vem de fora e avança contra mim. Posso usar esse fantasma persecutório como justificativa para meus próprios atos de perseguição. Ou poderia idealmente me convencer a não agir, mas apenas se eu ainda reconheço, no fantasma que me oprime, minha ação potencial.

Isso é ainda mais trágico, ou cômico, quando nos damos conta de que é minha própria agressão que vem contra mim na forma de ação do outro e que agora tento me defender dela agressivamente. É minha ação, mas eu a atribuo ao outro e, por mais equivocada que seja essa substituição, ela me força a considerar que aquilo que faço pode ser feito contra mim. Digo "considerar", mas esse procedimento nem sempre é refletido. Assim que uma substituição se torna sujeita à fantasia, ocorrem certas associações involuntárias. Portanto, embora se possa começar o experimento de forma bastante consciente, esse tipo de substituição – eu pelo outro, o outro por mim – me envolve em uma série de respostas involuntárias que sugerem que o processo de substituição, a suscetibilidade psíquica à substitutibilidade, a mimese primária e transitiva não podem ser totalmente orquestrados ou refreados por um ato mental[8]. De certa forma, a substituição é anterior à

---

[8]   Sobre a mimese primária, ver Mikkel Borch-Jacobsen, *The Freudian Subject* (Stanford, Stanford University Press, 1992) e François Roustang, *Qu'est-ce que l'hypnose?* (Paris, Minuit, 1994).

própria emergência do "eu" que sou, operando antes de qualquer deliberação consciente[9]. Portanto, quando me disponho conscientemente a substituir outras pessoas por mim, ou me substituir por outros, posso perfeitamente me tornar suscetível a um domínio inconsciente que solapa o caráter deliberado de meu experimento. Algo em meu experimento está experimentando comigo, não está completamente sob meu controle. Esse ponto se mostrará relevante para a pergunta "por que devemos preservar a vida do outro?", uma vez que a questão que coloco se inverte e se expande ao longo da formulação e acaba se reformulando como uma cena de ação recíproca. O resultado é que, ao perceber como minha vida e a vida do outro podem substituir uma à outra, elas já não parecem mais tão completamente separáveis. Os vínculos entre nós superam qualquer um que eu possa ter escolhido conscientemente. Talvez o ato hipotético de substituição de mim por outro, ou de outro por mim, nos leve a uma consideração mais abrangente do dano recíproco causado pela violência – a violência feita, por assim dizer, às próprias relações sociais recíprocas. E, mesmo assim, às vezes essa mesma capacidade de se substituir pelo outro e o outro por si pode criar um mundo que conduz a mais violência. Como e por que isso ocorre?

Um dos motivos pelos quais não podemos ou não nos é permitido tirar a vida de pessoas que preferiríamos ver desaparecer é que não dá viver coerentemente em um mundo no qual todos fizessem o mesmo. Aplicar esse parâmetro a nossas ações significa que temos de imaginar um mundo no qual *realmente agimos* dessa maneira, temos de nos colocar a caminho da ação e nos perguntar se existem motivos para nos determos. Temos de imaginar as consequências de nossa ação mortífera, e isso implica passar por uma fantasia perturbadora que, segundo minha hipótese, não é orquestrada de maneira inteiramente consciente. Pois imaginar que o outro poderia morrer por minha causa já sugere que o contrário seria que eu poderia morrer pelas mãos do outro. No entanto, posso muito bem separar minhas crenças e imaginar minha ação como unilateral e não recíproca, o que significa que me separaria da possibilidade de morrer pelas mãos do outro. Se as crenças de alguém são baseadas na negação ou na cisão, que consequências isso teria para o modo como esse alguém compreende a si mesmo?

---

[9] Várias versões dessa tese podem ser encontradas no trabalho de Sándor Ferenczi, François Roustang e Simon Critchley, para os quais a relação entre Emmanuel Levinas e a psicanálise é central. Ver Adrienne Harris e Lewis Aron (orgs.), *The Legacy of Sándor Ferenczi: From Ghost to Ancestor* (Nova York, Routledge, 2015), e Simon Critchley, "The Original Traumatism: Levinas and Psychoanalysis", em Richard Kearney e Mark Dooley (orgs.), *Questioning Ethics* (Nova York, Routledge, 1999).

Ao realizar esse exercício mental, posso concluir que outras pessoas tentariam me matar ou certamente me matariam e, nesse ponto, posso concluir que seria tolice se eu não as matasse antes. Quando o exercício mental dá lugar a possibilidades modais de perseguição, a argumentação pode servir de sustentação à decisão de matar. Mas qual é a base de sustentação dessa percepção de que os outros desejam me matar?

Freud não estava inteiramente convencido de que a razão tem o poder de ordenar e restringir os desejos assassinos – uma observação que ele fez quando o mundo estava na iminência de mais uma guerra. E podemos perceber como um raciocínio circular funciona como um instrumento de agressão – agressão desejada ou temida. Dada a realidade dos impulsos destrutivos, Freud argumentava que certamente a severidade ética é necessária. Ao mesmo tempo, perguntava-se se a severidade ética seria suficiente. Em *O mal-estar na civilização*, Freud brinca que a severidade ética do superego "não se inquieta com os fatos da constituição psíquica dos seres humanos", já que, nas palavras dele, "o ego não tem controle ilimitado sobre o id"[10]. Ele também afirma que o mandamento "ama teu próximo como a ti mesmo" é "a defesa mais poderosa contra a agressividade humana e um excelente exemplo do procedimento antipsicológico do superego cultural"[11]. Anos antes, em seu "Considerações atuais sobre a guerra e a morte" (1915), ele dizia que não importa quão elaborados possam ser nossos compromissos racionais, "a própria ênfase do mandamento 'não matarás' assegura que viemos de uma série interminável de gerações de assassinos, que traziam no sangue o poder de matar, como talvez nós mesmos hoje". Depois de contestar a trajetória de desenvolvimento da civilização – bem como a falsa promessa moral do domínio branco –, ele reafirma a dimensão inconsciente da vida que atravessa todas as culturas: se, "em nossos impulsos inconscientes, nós nos livramos, todos os dias, todas as horas, de qualquer pessoa que se interponha em nosso caminho [...], nosso inconsciente matará até por coisas insignificantes"[12]. Freud aponta que "podemos, de fato,

---

[10] Sigmund Freud, "Civilization and Its Discontents", em *The Standard Edition of the Complete Psychological Works of Sigmund Freud* (trad. James Strachey, Londres, Hogarth, 1915), v. 21, p. 108-9 [ed. bras.: "O mal-estar na civilização", em *O mal-estar na civilização*, trad. Paulo César de Souza, São Paulo, Companhia das Letras, 2011 – para as obras de Freud, apesar da indicação, usamos uma tradução própria].

[11] Ibidem, p. 109.

[12] Idem, "Thoughts for the Times on War and Death", em *The Standard Edition*, cit., v. 14, p. 296-7 [ed. bras.: "Considerações atuais sobre a guerra e a morte", em *Introdução ao*

nos admirar que o mal ressurja tão ativamente em pessoas que tiveram uma educação [moral]". Algo do impulso assassino permanece não educável até certo ponto, e isso acontece principalmente quando o indivíduo se funde a um grupo.

Não devemos subestimar o poder dessa dimensão "inconquistável" da realidade psíquica que Freud viria a associar à pulsão de morte. Embora tenhamos nos concentrado brevemente no desejo de matar, e no que nos impede de matar, percebemos que a pulsão de morte opera no âmbito de deliberações políticas que se dissociam em grande medida dos danos que cometem contra a vida humana. Podemos pensar no "dano colateral" como uma primeira instância desse tipo de raciocínio, um raciocínio baseado em uma denegação que, na verdade, é o instrumento por meio do qual a destruição acontece.

Podemos encontrar muitas evidências de resistência às formas jurídicas e políticas de reciprocidade: certa insistência em justificar o regime colonial; disposição a deixar outras pessoas morrerem por doença ou desnutrição, ou talvez fechando os portos aos refugiados e deixando que se afoguem em massa, ainda que os corpos possam ir parar nos *resorts* mais cobiçados da Europa. Mas, às vezes, há também um sentimento contagiante de satisfação irrestrita do sadismo, como temos visto em ações policiais contra as comunidades negras nos Estados Unidos: pessoas negras desarmadas, ao fugir da polícia, são mortas a tiros, facilmente, com satisfação e impunidade moral, como se fossem a presa em uma caçada. Ou, então, nos argumentos inflexíveis contra as mudanças climáticas – daqueles que acham que, admitindo que são reais, seríamos obrigados a limitar o progresso industrial e a economia de mercado. Essas pessoas sabem que a destruição está em curso, mas preferem ignorá-la e dão um jeito de não se importar, contanto que tenham lucro enquanto estão vivos. Nesse caso, a destrutividade se dá por omissão; mesmo que nunca seja dito ou pensado, há um "não me importo com a destruição" que autoriza essa destruição e talvez permita até mesmo uma sensação de liberdade satisfatória em opor-se ao controle da poluição e da expansão do mercado. Também percebemos, em nossa vida política, quantas pessoas se entusiasmam quando Donald Trump defende o fim da proibição de ações políticas racistas e violência – aparentemente pedindo que as massas sejam libertadas de um superego cruel e debilitante representado pela esquerda, o que inclui feministas, *queers* e antirracistas que defendem a não violência.

---

narcisismo, ensaios de metapsicologia e outros textos (1914-1916), trad. Paulo César de Souza, São Paulo, Companhia das Letras, 2010].

Nenhum posicionamento contra a violência pode se dar ao luxo de ser ingênuo: tem necessariamente de levar a sério o potencial destrutivo que é parte constitutiva das relações sociais ou do que chamamos de "laço social". Mas, se levarmos a sério a pulsão de morte, ou aquela versão tardia da pulsão de morte definida como agressão e destrutividade, teremos de considerar, em um sentido mais amplo, o dilema que um preceito moral contra a destruição impõe à vida psíquica. Trata-se de um preceito moral que visa a acabar com uma dimensão constitutiva da psique? E, se não conseguir fazer isso, terá opção além de fortalecer o superego e suas exigências cruéis de renúncia? Uma resposta freudiana a essa questão é que renunciar a tais impulsos é o melhor que se pode esperar, embora haja evidentemente um custo psíquico na forma de uma moralidade que libera a crueldade de nossos próprios impulsos e cuja máxima poderia ser entendida da seguinte maneira: "Assassine seu impulso assassino". Freud desenvolve a ideia de consciência em *O mal-estar na civilização*, mostrando que a destrutividade passa a ser dirigida contra a destrutividade em si e, uma vez que a consciência não pode destruir sua própria destrutividade, ela pode intensificar seu funcionamento como uma liberação do superego. Quanto mais intensamente o superego tenta renunciar ao impulso assassino, mais cruel o mecanismo psíquico se torna. Nesse momento, a agressão, ou mesmo a violência, é proibida, mas seguramente não é destruída ou abolida, já que se mantém ativamente viva, recriminando o ego. Essa não será a única forma de Freud lidar com a destruição, como veremos no capítulo 4, no qual examinaremos a ambivalência como via para a luta ética.

Em certo sentido, Freud faz uma pergunta semelhante à minha: o que nos leva a tentar preservar a vida de outrem? Mas ele a faz negativamente: o que há na vida psíquica, se é que há algo, que nos impede de causar o mal quando estamos sob domínio de um desejo assassino? Entretanto, há uma alternativa no pensamento psicanalítico, um modo afirmativo de reelaborar a questão: que tipo de motivação se intensifica na vida psíquica quando tentamos ativamente proteger a vida de outrem? Voltando ao problema da substituição, podemos perguntar: como as formas inconscientes de substituição moldam e animam o que podemos chamar de "sentimentos morais"? O que condiciona a possibilidade de nos colocarmos no lugar de outrem sem exatamente tomar seu lugar? E o que nos possibilita colocar um outrem em nosso lugar sem sermos tragados por ele? Tais formas de substituição mostram que as vidas estão implicadas umas nas outras desde sempre, e essa percepção indica um caminho para compreendermos que, qualquer que seja a ética que adotarmos, ela não será suficiente para distinguirmos entre o preservar a si mesmo e o preservar o outro.

Melanie Klein faz uma contribuição psicanalítica à filosofia moral em seu ensaio "Amor, culpa e reparação", apontando com precisão, na dinâmica do amor e do ódio, o ponto em que psicologia individual e psicologia social convergem. Klein sustenta que o desejo de fazer as pessoas felizes está associado a um "forte senso de responsabilidade e preocupação" e que "a solidariedade genuína com outras pessoas" envolve "nos colocarmos no lugar das outras pessoas". Para isso, a "identificação" nos aproxima ao máximo da possibilidade de altruísmo. Ela diz: "Só conseguimos ignorar ou sacrificar até certo ponto nossos próprios sentimentos e desejos e, assim, colocar temporariamente os interesses e as emoções do outro em primeiro lugar, se temos a capacidade de nos identificar com a pessoa amada". Essa disposição não é uma abnegação total, pois na busca da felicidade da pessoa que amamos está subentendido que compartilhamos a satisfação dessa pessoa. Um instante vicário intervém no ato de colocar o outro em primeiro lugar, de modo que "recuperamos de um lado o que perdemos de outro"[13].

Nesse ponto do texto, Klein inclui uma nota de rodapé que começa com a seguinte observação: "Como afirmei no início, há uma interação constante entre amor e ódio em cada um de nós"[14]. Algo na vivência vicária a conduziu a essa reflexão; ou talvez, para desenvolver separadamente o discurso sobre o amor, ela teve de separá-lo do discurso sobre a agressão. Seja qual for o caso, os dois discursos convergem alguns parágrafos adiante. Na nota de rodapé, ela deixa claro que, embora naquele momento dirija sua atenção ao amor, a agressão é copresente, que tanto a agressão como o ódio podem ser produtivos, e que não deve causar surpresa que as pessoas mais capazes de amar também podem e vão manifestar esses outros sentimentos. Ela esclarece que, ao nos doarmos aos outros ou protegê-los, reencenamos a maneira como fomos tratados por nosso pai e nossa mãe ou reencenamos a *phantasia* do tratamento que desejaríamos ter recebido. Ela deixa as duas opções em aberto. E escreve: "Em última instância, ao nos sacrificarmos por uma pessoa que amamos e nos identificarmos com ela, desempenhamos o papel da boa mãe ou do bom pai,

---

[13] Melanie Klein e Joan Riviere, "Love, Guilt, and Reparation", em *Love, Hate, and Reparation* (Nova York, Norton, 1964), p. 66 [ed. bras.: "Amor, culpa e reparação", em *Amor, culpa e reparação e outros trabalhos (1921-1945)*, trad. André Cardoso, Rio de Janeiro, Imago, 1996].

[14] Ibidem, p. 66, nota 1.

comportando-nos com ela como nossos pais se comportaram conosco – ou como gostaríamos que eles tivessem se comportado".

Portanto, embora Klein diga que a "solidariedade genuína" é possível e envolve a "capacidade de compreender como eles são e se sentem", tal solidariedade é estabelecida pela identificação que envolve a representação de um papel, ou a repetição de um papel, em uma cena fantasmática na qual nos colocamos na posição da criança ou do pai/mãe, como foram ou deveriam ter sido, o que equivale a como "se desejou que fossem". Na sequência, ela afirma que, "ao mesmo tempo, desempenhamos o papel do bom filho para com seus pais, como gostaríamos de ter feito no passado e fazemos agora no presente"[15]. Logo, note-se que, no instante em que acontece aquilo que Klein aponta como uma identificação vicária essencial para o esforço de fazermos uma pessoa feliz, a ponto de priorizarmos moralmente essa pessoa acima de nós, estamos encenando um papel e reencenando algumas perdas que não foram lamentadas ou alguns desejos que não foram realizados. Ela conclui essa discussão da seguinte forma: "Assim, ao reverter uma situação, ou seja, ao agir em relação a outra pessoa como uma boa mãe ou um bom pai, recriamos e desfrutamos, na *phantasia*, o amor e a bondade que tanto desejávamos de nossos pais".

Nesse ponto, fica difícil saber se tínhamos esse amor bom e o perdemos quando ficamos mais velhos ou se apenas desejamos aquele amor bom que não tivemos (ou que, ao menos, não correspondeu plenamente a nossos desejos). Parece que o que importa agora é se, em nossas modalidades vicárias e de doação, lamentamos o que já tivemos ou, ao contrário, desejamos um passado que nunca tivemos – ou experimentamos um pouco dos dois. Ao trazer, nas notas de rodapé, a discussão sobre a agressão, Klein volta para o texto e escreve:

> Mas agir como bons pais em relação a outras pessoas também pode ser uma maneira de lidar com frustrações e sofrimentos do passado. Nossos ressentimentos contra nossos pais por terem nos frustrado, assim como os sentimentos de ódio e vingança que eles despertaram em nós, e ainda os sentimentos de culpa e desespero decorrentes desse ódio e dessa vontade de vingança por termos ferido nossos pais, que ao mesmo tempo amávamos – tudo isso podemos desfazer em retrospecto na *phantasia* (pela supressão de alguns dos motivos de ódio), desempenhando simultaneamente o papel de pais e filhos amorosos.[16]

---

[15] Ibidem, p. 67.

[16] Idem.

Assim, uma discussão que começa com a afirmação de que a solidariedade genuína é possível graças a modos de identificação evolui para uma exposição de como cada um de nós, ao tratar bem os outros e tentar lhes garantir felicidade, representamos nossos ressentimentos em relação às pessoas que não nos amaram o bastante ou das quais não aceitamos perder o amor bom.

Ao mesmo tempo, seguindo essa lógica, podemos agora ser o bom filho ou a boa filha que não fomos, ou melhor, não poderíamos ter sido, dadas as ondas de agressão que esmagaram todos os nossos esforços para sermos bons. De certo modo, elaboramos perdas e ressentimentos, ou até mesmo expiamos culpas, quando nos envolvemos no que Klein chama de "solidariedade genuína". Colocamos o outro em primeiro lugar, mas nosso cenário define todos os papéis que eu ou você podemos representar. Talvez tudo isso seja muito fácil. Estou apenas compartilhando a satisfação que dou ao outro por amá-lo, e porque o que o outro sente, eu também sinto: a solidariedade genuína é possível, e o sentimento é recíproco. Contudo, a simplicidade da formulação se torna questionável quando perguntamos se o outro a quem dou meu amor está sempre fora das cenas que represento: meu esforço para reconstituir o que perdi ou nunca tive; ou minha reconciliação com a culpa que acumulo por ter tentado, ou ainda tentar, destruir o outro, mesmo que apenas em *phantasia*. Será que minha solidariedade é motivada por minha própria perda e minha própria culpa ou, ao compartilhar da felicidade do outro, a qual ajudo a promover, o "eu" e o "você" não são tão distintos quanto imaginávamos? Se eles compartilham, o que exatamente compartilham? Ou estão parcialmente obnubilados pela *phantasia* na qual emergem?

Quando Klein conclui a discussão afirmando que "reparar" é fundamental para amar, ela nos oferece outra maneira de pensar sobre a solidariedade. Mesmo quando sou solidária com o outro, talvez devido à reparação que esse outro nunca recebeu por uma perda ou uma privação, parece que estou, ao mesmo tempo, reparando o que nunca tive ou o cuidado que eu deveria ter recebido. Em outras palavras, dirijo-me ao outro, mas faço minha própria reparação, e nenhum desses movimentos acontece sem o outro. Se a identificação implica a encenação de minhas perdas, em que medida ela pode servir de base para uma solidariedade "genuína"? Há sempre algo "não genuíno" no esforço de fazer o outro alegre, algo sempre preocupado consigo mesmo? E isso significa também que a identificação com o outro nunca é muito bem-sucedida se uma condição para que seja possível é a *phantasia* de autorreparação?

Nesses trechos, Klein concentra-se no ressentimento e na culpa, mas o ressentimento só faz sentido à luz da alegação de que houve privação no passado.

A privação pode vir na forma de perda (já tive o amor e não o tenho mais) ou na forma de acusação (nunca recebi amor e deveria tê-lo recebido). A culpa, aqui, parece ligada a sentimentos de ódio e agressão. Tenhamos literalmente ou não dilacerado ou destroçado nosso pai ou nossa mãe, a *phantasia* é eficaz, e a criança nem sempre sabe se teve uma *phantasia* de destruição ou realizou um ato real. A presença do alvo (o pai ou a mãe) não é suficiente como prova de que a criança não é uma assassina e, aparentemente, tampouco a abundância de documentos de que o pai ou a mãe morreram de causas naturais. Para a criança, a pessoa assassinada vive de maneira mais ou menos inexplicável, às vezes sob o mesmo teto que ela, ou às vezes a criança é a pessoa assassinada que continua viva (Odradek em "A preocupação do pai de família", de Kafka)*. Na verdade, não podemos compreender a trajetória reparadora da identificação sem primeiro compreender como a identificação solidária, de acordo com Klein, se produz a partir do esforço de reencenação e inversão das cenas de perda, privação e do ódio que decorre da dependência inegociável.

Klein diz: "Meu trabalho psicanalítico me convenceu de que, quando surgem conflitos entre amor e ódio na mente do bebê e entra em cena o medo de perder o objeto amado, ocorre um avanço muito importante no desenvolvimento"[17]. O que está em questão é o fato de que a *phantasia* de destruição da mãe gera o medo de perder aquela de quem o bebê depende fundamentalmente. Eliminar a mãe seria colocar em risco as condições de sua própria existência. As duas vidas parecem interligadas: "Existe [...] no inconsciente uma tendência a desistir dela [a mãe], à qual se contrapõe o desejo de tê-la para sempre"[18]. O bebê não é uma criatura calculista. Em certo nível primário, ele reconhece que a própria vida está ligada àquela outra, e, embora essa dependência mude de forma, eu sugeriria que essa é a base psicanalítica para uma teoria do laço social. Se tento preservar a vida do outro, não é apenas porque é de meu interesse preservá-la ou porque aposto que as consequências serão melhores para mim. Ao contrário, é porque já estamos unidos num laço social que precede e possibilita a vida de ambos. Minha vida não é totalmente separável da outra vida, e essa é uma das maneiras pelas quais a *phantasia* está implicada na vida social.

---

* Em *Um médico rural: pequenas narrativas* (trad. Modesto Carone, São Paulo, Companhia das Letras, 2012). (N. E.)

[17] Melanie Klein e Joan Riviere, "Love, Guilt, and Reparation", cit., p. 65.

[18] Ibidem, p. 91.

Temos de compreender a culpa não apenas como uma forma de controlar nossa própria destrutividade, mas também como um mecanismo para salvaguardar a vida do outro, mecanismo que emerge de nossa própria carência e dependência, da percepção de que essa vida não é vida sem a outra vida. Aliás, quando ela se transforma em ação de salvaguarda, não me parece que ainda deva ser chamada de "culpa". Se usamos esse termo, podemos concluir que a culpa é estranhamente produtiva ou que sua forma produtiva é a reparação; já "salvaguardar" é uma modalidade orientada para o futuro, uma espécie de cuidado preventivo ou maneira de estarmos atentos à outra vida, tentando ativamente nos antecipar ao dano que podemos causar ou pode ser causado por outros. A reparação, evidentemente, não está atrelada ao que aconteceu no passado: pode ser aceita como um dano que apenas *desejei* causar, mas nunca causei. A "salvaguarda" parece fazer algo mais, estabelecendo as condições para que uma vida se torne vivível ou, talvez, até próspera. Nesse sentido, salvaguardar não é exatamente o mesmo que preservar, embora o primeiro termo pressuponha o segundo: preservar tenta assegurar uma vida que já existe; salvaguardar assegura e reproduz as condições do devir, do viver, do porvir, em que o conteúdo dessa vida, desse viver, não pode ser nem prescrito nem previsto, e a autodeterminação emerge como um potencial.

Klein diz reiteradamente que o bebê sente uma imensa satisfação no seio da mãe, mas também um desejo ardente de destrutividade. Na presença de seus desejos agressivos, o bebê teme "ter destruído o objeto que, como sabemos, ele mais ama e do qual mais necessita, do qual depende totalmente"[19]. Em outro momento, ela diz que o bebê sente não apenas culpa pela perda da mãe, ou da pessoa de quem mais depende, mas também "angústia", indicando uma ansiedade que pertence ao sentimento radical do desamparo.

"Em última análise", diz ela, "é o medo de que a pessoa amada – para começar, a mãe – possa morrer por causa dos ferimentos que lhe são infligidos na *phantasia*, o que torna intolerável a dependência em relação a essa pessoa"[20]. Essa dependência intolerável, no entanto, continua existindo, delineando um laço social que, por mais intolerável que seja, tem de ser preservado. Intolerável o suficiente para suscitar uma ira assassina, mas que, se extravasada, dada a dependência de um em relação ao outro, poderia destruir os dois[21].

---

[19] Ibidem, p. 61-2.

[20] Ibidem, p. 83.

[21] Lauren Berlant e Lee Edelman, *Sex, or the Unbearable* (Durham, Duke University Press, 2013).

Significativa e, talvez, paradoxalmente, o desejo de entrega ao outro, de fazer sacrifícios por ele, emerge desse reconhecimento de que o destruir é pôr em risco a própria vida. Assim, a criança começa a reparar a transgressão que entende ter instigado ou imaginado, ou talvez a que ainda está por vir, combatendo a destrutividade por meio da reparação. Se tento reparar, compreendo que causei o dano ou talvez tenha encenado um assassinato no nível psíquico. Dessa forma, não nego minha destrutividade, mas tento reverter seus efeitos danosos. Não que a destrutividade se converta em reparação, mas faço a reparação mesmo quando a destrutividade me impele, ou precisamente porque ela me impele. Qualquer sacrifício que eu faça é parte de uma trajetória de reparação e, no entanto, a reparação não é uma solução eficaz. A teórica literária feminista Jacqueline Rose observa que "a reparação pode reforçar a onipotência" e, mais que isso, que às vezes ela aparece na teoria kleiniana como um requisito e um imperativo evolutivo, se não disciplinar[22]. A reparação é falível e deve ser diferenciada dos esforços para reescrever, e assim negar, o passado. Tal forma de negação alucinatória pode servir ao propósito de dissociação ou reversão do legado psíquico de dependência e angústia, produzindo uma condição esquizoide.

A resposta psicanalítica à pergunta que encontramos em Freud (como refrear a destrutividade humana?) concentra-se na consciência e na culpa como instrumentos que refazem o circuito da pulsão de morte, responsabilizando o ego por suas ações por intermédio de um superego que ataca com imperativos morais absolutos, punições cruéis e juízos definitivos de fracasso. Mas essa lógica, na qual os impulsos destrutivos são refreados pela internalização, parece encontrar seu ponto culminante numa consciência autodilacerante ou num narcisismo negativo, como vimos em Freud.

Em Klein, no entanto, essa inversão, ou dialética negativa, dá origem a outra possibilidade: o impulso de preservar a outra vida. A culpa revela-se não totalmente autorreferencial, mas, sim, uma maneira de preservar uma relação com o outro. Em outras palavras, a culpa não pode mais ser compreendida como uma forma negativa de narcisismo que corta o vínculo social, mas como uma oportunidade de articulação do próprio laço. Klein nos oferece, assim, uma maneira de compreender a importante via pela qual a culpa canaliza o impulso destrutivo com o propósito de preservar o outro e a mim,

---

[22] Jacqueline Rose, "Negativity in the Work of Melanie Klein", em *Why War? Psychoanalysis, Politics, and the Return to Melanie Klein* (Londres, Blackwell, 1993), p. 144.

um ato que pressupõe que a vida de um não é concebível sem a vida do outro. Para Klein, essa incapacidade de destruir uma vida sem destruir outra opera no nível da *phantasia*. Embora a explicação do desenvolvimento pressuponha o bebê e a mãe, será que podemos dizer que *essa forma ambivalente do laço social assume uma conformação mais ampla quando a interdição de matar se torna um princípio organizador da sociabilidade?* Afinal, aquela condição primária em que a sobrevivência é assegurada por uma dependência que é sempre parcialmente intolerável não nos abandona à medida que envelhecemos; na verdade, ela muitas vezes se torna mais enfática à medida que envelhecemos e entramos em novas formas de dependência que lembram aquelas formas primárias, por exemplo, arranjos domiciliares e institucionais com acompanhamento de cuidadores ou cuidadoras.

Vimos, em um cenário consequencialista, que cada um de nós conclui que realmente não é de seu interesse matar as pessoas por quem temos antipatia ou sentimentos ambivalentes, porque outros que antipatizam conosco podem pegar a ideia e decidir tirar nossa vida ou a vida de outra pessoa, uma vez que não poderíamos universalizar uma lei que regulasse tal conduta sem prejudicar a própria racionalidade que nos distingue como seres humanos e torna o mundo habitável. De maneiras diferentes, cada um desses posicionamentos elabora um cenário no qual somos solicitados a duplicar ou reduplicar nossas ações, imaginando outros em nosso lugar e nos projetando no lugar deles, para então considerar e avaliar a ação que nos propomos à luz desse experimento. Para Klein, no entanto, estamos desde o início, e quase sem deliberação, em uma situação de nos substituirmos pelo outro ou nos vermos como substitutos. E isso reverbera por toda a vida adulta: eu amo você, mas você já é eu, carregando o fardo de meu passado não reparado, minha privação e minha destrutividade. E, sem dúvida, eu sou isso para você, assumindo o peso da punição por algo que você nunca recebeu; somos, desde já, um para o outro, substituições equivocadas de passados irreversíveis, sem que nenhum de nós supere o desejo de reparar o que não pode ser reparado. E, ainda assim, cá estamos, com sorte, compartilhando uma agradável taça de vinho.

"A vida, tal como a conhecemos, é muito difícil para nós", diz Freud em *O mal-estar na civilização*[23]. Isso explica a necessidade de várias formas de narcose (inclusive a arte, é claro). Carregando o fardo da perda pela qual não se fez luto, da dependência intolerável e da privação irreparável, parecemos entender para

---

[23] Sigmund Freud, "Civilization and Its Discontents", cit.

A FORÇA DA NÃO VIOLÊNCIA

aquilo que chamamos de "relações" os cenários de necessidade de reparação e tentamos fazer reparação por meio de várias formas de doação. Essa talvez seja uma dinâmica constante, na qual polaridades como dar e receber, ou salvaguardar e reparar, nem sempre são distintas: aquele que age nem sempre é separável daquele sobre quem se age. Esse tipo de ambiguidade moral e sensivelmente fecunda talvez nos constitua de maneira potencialmente comum.

Se minha existência contínua depende do outro, então estou aqui, separada daquele de quem dependo, mas também estou crucialmente lá; ambiguamente aqui e lá, comendo, dormindo, sendo tocada ou abraçada. Em outras palavras, a separação do bebê é, de certa maneira, um fato, mas também é significativamente uma luta, uma negociação, se não um dever relacional. Não importa quão bons sejam os cuidados parentais, sempre há um grau de angústia e insatisfação, já que o corpo do outro não pode estar presente em todos os momentos. Assim, o ódio por quem se é intoleravelmente dependente com certeza faz parte do que é expresso pela destrutividade que surge invariavelmente nas relações de amor.

Como, então, isso se traduz em um princípio mais geral que possa nos reconduzir à questão do que nos impede de matar e do que nos leva a preservar a vida do outro? Poderia ser o fato de que, ao destruir o outro, estamos destruindo a nós mesmos? Se é esse o caso, é porque esse "eu" que sou foi sempre diferenciado de forma ambígua, e é alguém para quem a diferenciação é uma luta e um problema constante. Aqui, Klein e Hegel parecem convergir: eu encontro você, mas encontro a mim ali, como você, duplicado em minha não reparação; e eu mesma não sou apenas eu, mas um espectro que recebo de você e que busca uma história diferente daquela que você viveu.

Assim, o "eu" vive em um mundo em que a dependência só pode ser erradicada pela autoerradicação. Uma verdade permanente da vida do bebê continua a moldar nossa vida política, bem como as formas de dissociação e desvio das quais nascem as *phantasias* de autossuficiência soberana[24]. Rose sugeriu que esse é um dos motivos pelos quais, se quisermos evitar as guerras, devemos nos "ater" a formas de "escárnio" e "fracasso" que impedem ou solapam as formas de triunfalismo[25].

---

[24] Em certo momento, Klein observa que a relação do bebê com a mãe é a relação com a vida. Entretanto, ela não diz que é a relação com a vida da mãe ou a própria vida. Nesse momento, "vida" é precisamente uma função daquele referente ambíguo. A própria vida, a vida do outro: ambas são chamadas "vida".

[25] Jacqueline Rose, "Negativity in the Work of Melanie Klein", cit., p. 37.

Podemos pensar que uma solidariedade "genuína" exige que eu me compreenda como separada de você; mas talvez minha capacidade de *não* ser eu – isto é, de representar o papel ou agir a partir do lugar do outro – seja parte de quem sou, até mesmo o que permite que eu me solidarize com você; e isso significa que, em minha identificação, estou parcialmente contida fora de mim, em você, e isso que você joga em minha direção é carregado por mim. Portanto, há uma maneira pela qual residimos um no outro. Sou não apenas a precipitação de todas as pessoas que amei e perdi, mas também o legado daquelas que não conseguiram me amar bem e daquelas que, imagino, conseguiram me manter longe da angústia intolerável e precoce em relação a minha sobrevivência e da culpa (e da ansiedade) insuportável pelo potencial destrutivo de minha raiva. E eu me esforço para me tornar aquela que busca assegurar as condições de sua vida e sobreviver à raiva que você sente por uma dependência da qual não pode fugir. Na verdade, todos nós vivemos, mais ou menos, com raiva de uma dependência da qual não podemos nos libertar sem libertar as condições da vida social e psíquica em si.

Mas, se podemos imaginar essa dependência na vida pessoal e formas íntimas de dependência, será que não poderemos também entender que somos dependentes de instituições e economias sem as quais não subsistimos como as criaturas que somos? E mais: como essa perspectiva poderia nos ajudar a refletir sobre a guerra, a violência política ou o abandono de populações à doença e à morte? Talvez o preceito moral que proíbe matar tenha de ser expandido para um princípio político que busque salvaguardar vidas por meios institucionais e econômicos e fazer isso *sem* distinguir populações imanentemente enlutáveis e populações que não o são.

No próximo capítulo, espero mostrar que uma concepção ampla e consistente de vida enlutável traz a promessa de uma revisão de nosso senso de igualdade nas esferas da biopolítica e da lógica de guerra. A ideia não é apenas encontrar formas de reparar o dano que causamos (embora isso seja importante, é claro) ou mesmo o dano que acreditamos ter causado, mas prever e evitar o dano que *está por vir*. Para isso, temos de incentivar uma forma prévia de reparação, uma forma ativa de salvaguardar a vida existente para o futuro incognoscível[26]. Podemos dizer: sem esse futuro em aberto, a vida é meramente existir, mas não viver. Minha hipótese é que o motivo pelo qual às vezes não agimos com violência não é apenas por cálculo, por alguém poder agir com violência contra nós e, portanto, por não ser

---

[26] David Eng, "Reparations and the Human", *Columbia Journal of Gender and Law*, v. 21, n. 2, 2011.

de nosso interesse pessoal provocar esse cenário. O motivo, ao contrário, deve ser procurado nas condições sociais conflitantes que dão suporte à formação do sujeito no universo dos pronomes: esse "eu" que sou já é social, já está vinculado a um mundo social que ultrapassa o domínio da familiaridade, que é urgente e amplamente impessoal. Primeiro torno-me concebível na mente do outro, como um "você" ou um pronome marcador de gênero, e essa ideação fantasmática me engendra enquanto criatura social. A dependência que constitui o que sou antes da emergência de qualquer pronome sublinha o fato de que dependo de pessoas que me definam, e essa definição me dá forma. Minha gratidão, sem dúvida, mistura--se a uma raiva compreensível. No entanto, é precisamente aí que surge a ética, pois sou obrigada a preservar os laços conflituosos sem os quais eu não existiria e não seria plenamente concebível. Portanto, lidar com o conflito e negociar a ambivalência é primordial para impedir que a raiva assuma conformações violentas.

Se todas as vidas são consideradas igualmente enlutáveis, uma nova forma de igualdade é introduzida no entendimento da igualdade social que incide sobre a governança da vida econômica e institucional, o que implicaria um embate com a destruição que nós mesmos somos capazes de provocar, uma força contra a outra. É diferente de proteger os vulneráveis fortalecendo o poder paternalista. Afinal, essa é uma estratégia que sempre tarda e falha na abordagem da produção diferenciada de vulnerabilidade. Mas, se uma vida é considerada enlutável desde o princípio, vida que poderia ser perdida e merecedora de luto, então o mundo se organizaria para impedir essa perda e salvaguardar essa vida contra danos e destruição. Se todas as vidas fossem vistas a partir desse imaginário igualitário, de que modo isso alteraria a conduta dos atores em todo o espectro político?

É especialmente difícil transmitir a mensagem de que pessoas que são atacadas, abandonadas ou condenadas também são enlutáveis, que perdê-las teria, ou terá, importância e que não as preservar acarretará um imenso arrependimento e uma reparação obrigatória. Então, que predisposição nos permite estabelecer o poder prévio de arrependimento e remorso, de modo que nossas ações presentes e futuras impeçam um porvir que iremos lamentar? Na tragédia grega, o lamento parece vir depois da raiva – e normalmente é tardio. Mas às vezes há um coro, um grupo anônimo de pessoas que se reúne e canta perante a raiva impulsora, chora por antecipação, lamentando-se assim que a vê chegar[27].

---

[27] Ver Nicole Loraux, *Mothers in Mourning* (trad. Corinne Pache, Ithaca, Cornell University Press, 1998), p. 99-103; ver também Athena Athanasiou, *Agonistic Mourning: Political Dissidence and the Women in Black* (Edimburgo, Edinburgh University Press, 2017).

3

A ÉTICA E A POLÍTICA DA NÃO VIOLÊNCIA

Nos capítulos anteriores, tentei aliar a psicanálise à filosofia moral e à teoria social, indicando que alguns de nossos debates éticos e políticos trazem pressupostos demográficos tácitos sobre quem coloca a questão moral e a quem a questão moral é colocada. Não podemos sequer nos perguntar "a vida de quem deve ser salvaguardada?" sem fazer algumas suposições sobre que vidas são consideradas potencialmente enlutáveis. Pois aquelas que não são consideradas potencialmente enlutáveis têm muito poucas chances de serem salvaguardadas. Minha sugestão foi a de que a psicanálise nos ajuda a ver como os fantasmas podem funcionar como dimensões acríticas das deliberações morais que se afirmam racionais. Para compreender as formas tácitas e até inconscientes de racismo que estruturam o discurso estatal e público sobre violência e não violência, vamos nos voltar agora para Michel Foucault e Frantz Fanon e o que podemos chamar de "fantasmas populacionais" e "fantasmas raciais". Étienne Balibar e Walter Benjamin, lidos em conjunto, nos oferecem um caminho para compreender os múltiplos sentidos de "violência" e o ritmo complexo com o qual a violência do Estado ou de outros poderes reguladores nomeia como "violento" aquilo que se opõe à sua própria legitimidade, de modo que essa prática de nomeação se torna uma maneira de promover e dissimular sua própria violência.

Sugeri que os debates morais sobre a não violência podem assumir duas formas significativamente diferentes. A primeira gira em torno das razões para não matar ou destruir o outro – ou os outros, no plural; e a segunda gira em torno das obrigações que temos de preservar a vida de outro – ou outros. Podemos nos perguntar o que nos impede de matar, mas também o que nos motiva a procurar caminhos éticos e políticos que busquem ativamente, sempre que possível, preservar a vida. Que façamos essas perguntas sobre os outros como indivíduos, grupos específicos ou totalidade possível é muito importante, pois aquilo que admitimos como certo sobre a natureza dos indivíduos e dos grupos, ou mesmo as ideias de humanidade que evocamos em tais discussões – muito frequentemente suposições demográficas, inclusive *phantasias* sobre quem conta como ser humano –, condiciona nossas visões sobre quais vidas merecerem ser preservadas e quais não, bem como o que define e limita as ideias vigentes de humanidade. Etimologicamente, demografia é o estudo do modo como o povo (*demos*) é grafado (*grafos*) ou representado. E, embora às vezes seja associada à estatística, esta última é apenas um meio gráfico de representar discursivamente as populações. Por quais meios gráficos distinguiríamos quem é enlutável de quem não é?

Vidas enlutáveis: uma igualdade de valor incalculável

Sugeri que o potencial violento emerge como característica de todas as relações de interdependência e que um conceito de laço social que toma a interdependência como característica constitutiva leva em consideração formas de ambivalência, aquelas que, para Freud, surgem no conflito entre amor e ódio. Espero propor que reconhecer a distribuição desigual do direito ao luto de cada vida pode e deve transformar nossos debates sobre igualdade e violência. Aliás, uma defesa política da não violência não faz sentido fora do compromisso com a igualdade.

Se e quando uma população é enlutável, ela pode ser reconhecida como uma população viva; se há uma perda, esta é lamentada, o que significa que toda perda é inaceitável e até condenável – motivo de choque e revolta. O direito ao luto é uma característica atribuída a um grupo de pessoas (talvez uma população) por outro grupo ou comunidade, ou nos termos de um discurso, uma política ou uma instituição. Essa atribuição pode acontecer por diferentes meios e em intensidades variáveis; e também pode *não* acontecer ou só acontecer de forma intermitente e inconsistente, dependendo do contexto e do modo como esse contexto muda. Mas minha hipótese é que as pessoas podem ser enlutáveis ou merecer o direito ao luto apenas na medida em que essa perda é reconhecida; e a perda só pode ser reconhecida quando se estabelecem condições para isso no interior de uma linguagem, de uma mídia, de um campo cultural e intersubjetivo de alguma espécie. Ou, antes, ela pode ser reconhecida mesmo quando as forças culturais atuam para negar esse reconhecimento. Mas isso exige uma forma de protesto que rompe com a norma obrigatória e melancólica da negação, ativando a dimensão performativa do luto público, que tenta expor os limites do que é enlutável e estabelecer novos termos de reconhecimento e resistência. Seria uma forma de luto militante, que irrompe na esfera pública da aparência, inaugurando uma nova constelação de espaço e tempo[1].

Talvez preferíssemos adotar um quadro referencial humanista e afirmar que todos, independentemente de raça, religião ou origem, têm uma vida enlutável e, como consequência, militaríamos pela aceitação dessa igualdade básica. Talvez queiramos insistir que essa é uma afirmação descritiva, que toda vida é igualmente enlutável. Mas, se permitirmos que essa seja a extensão máxima de nossa descrição, representaremos de maneira muito equivocada a realidade presente, na qual as desigualdades radicais são numerosas. Assim, talvez devêssemos dar um passo francamente normativo e afirmar, ao contrário, que toda vida *tem de ser* enlutável, postulando, por conseguinte, um horizonte utópico no qual a teoria e a descrição têm de funcionar. Se queremos sustentar que toda vida é inerentemente enlutável e afirmar um valor natural ou apriorístico para todos, essa afirmação descritiva já carrega em si um valor normativo – toda vida *deve ser* enlutável –, então resta saber por que pedimos que uma afirmação descritiva cumpra uma função normativa. No fim das contas, temos de apontar a discrepância radical entre o que é e o que tem de ser, então que permaneçam distintos, ao menos nesse tipo de debate. Teorizando em termos atuais, a afirmação descritiva mais apropriada certamente não é que todas as vidas são igualmente enlutáveis. Então, passemos do que é para o que tem de ser ou, ao menos, iniciemos esse movimento que postula um horizonte utópico para nosso trabalho[2].

Além do mais, quando se fala de vidas que não são igualmente enlutáveis, postula-se um ideal de direito igualitário ao luto. Essa formulação tem ao menos duas implicações que trazem problemas críticos. A primeira é que temos de nos perguntar se há maneira de medir ou calcular quanto alguém é, de fato, lamentado. É possível estabelecer que uma população é mais enlutável

---

[1] Ver Douglas Crimp, "Mourning and Militancy", *October*, v. 51, 1989, p. 3-18; ver também Ann Cvetkovich, "AIDS Activism and the Oral History Archive", *Public Sentiments*, v. 2, n. 1, 2003.

[2] Ver Drucilla Cornell, *The Imaginary Domain* (Londres, Routledge, 2016 [1995]). Ver também Cornelius Castoriadis, *The Imaginary Institution of Society* (Cambridge, MIT Press, 1997) [ed. bras.: *A instituição imaginária da sociedade*, trad. Guy Reynaud, São Paulo, Paz & Terra, 1982].

que outra? Existem graus de direito ao luto? Sem dúvida, seria perturbador, se não totalmente contraproducente, estabelecer um cálculo que pudesse oferecer respostas desse tipo. Portanto, a única maneira de compreender a afirmação de que algumas pessoas são mais enlutáveis que outras – e algumas, em determinados quadros e sob determinadas circunstâncias, são protegidas do perigo, da destruição e da morte mais ferrenhamente que outras – é dizer exatamente (e com Derrida) que o valor incalculável de uma vida é legitimado em um contexto, mas não em outro. Ou que em um contexto (se pudermos identificar parâmetros para ele) se reconhece que algumas vidas têm valor incalculável, enquanto outras estão sujeitas a cálculo. Estar sujeito a cálculo já significa entrar na zona cinzenta do que é não é enlutável. A segunda implicação da formulação de que nem todas as vidas são tratadas como igualmente enlutáveis é que temos de rever nossas ideias sobre igualdade para levar em consideração o direito ao luto como um atributo social que deveria ser submetido a padrões igualitários. Em outras palavras, ainda não estamos falando de igualdade se não tivermos falado antes sobre o direito igualitário ao luto ou sobre a atribuição igualitária do direito ao luto. Eis uma característica determinante da igualdade. As pessoas para as quais o direito ao luto não existe são as que sofrem a desigualdade – o valor desigual.

Foucault e Fanon acerca da lógica de guerra da raça

Como propus no capítulo 2, quando dizemos que uma vida não é enlutável, não estamos apenas falando de uma vida que chegou ao fim. Na verdade, viver no mundo uma vida enlutável é saber que nossa morte *seria* lamentada. Mas também é saber que nossa vida será salvaguardada porque tem valor. Essa maneira de avaliar a desigualdade no direito das vidas ao luto é parte da biopolítica, e isso significa que nem sempre podemos atribuir essa forma de desigualdade a um processo soberano de tomada de decisões. No último capítulo do curso *Em defesa da sociedade* (1976), Foucault discute em detalhes a emergência do campo biopolítico no século XIX. Ali descobrimos que "a biopolítica" descreve a ação do poder sobre os seres humanos como criaturas vivas. Diferentemente do poder soberano, a biopolítica, ou biopoder, parece ser tipicamente europeia. Ela se vale de diversas tecnologias e métodos para gerenciar a vida e a morte. Para Foucault, trata-se de um tipo distinto de poder, na medida em que é exercido sobre os seres humanos em razão de sua condição de viventes – algumas vezes ele chama essa condição de vivente de condição "biológica", embora não esclareça qual versão

A ÉTICA E A POLÍTICA DA NÃO VIOLÊNCIA   93

da ciência biológica ele tem em mente. Foucault descreve a biopolítica como o poder regulatório de "fazer viver" ou "deixar morrer" diferentes populações, distinto do poder soberano de "fazer morrer" ou "deixar viver"[3].

Como em muitos casos na obra de Foucault, o poder age, mas não a partir de um centro soberano: ao contrário, existem múltiplas instâncias de poder operando em um contexto pós-soberano para controlar as populações como criaturas vivas, controlar as vidas, fazê-las viver ou deixá-las morrer. Essa forma de biopoder regula, entre outras coisas, a própria possibilidade de vida, determinando os potenciais de vida relativos das populações. Esse tipo de poder está documentado nas taxas de natalidade e mortalidade, que indicam formas de racismo próprias da biopolítica[4]. Está também nas formas de pronatalismo e nos posicionamentos "pró-vida" que privilegiam determinadas espécies de vida, ou tecido vivo (isto é, fetos), em detrimento de outras (isto é, adolescentes e mulheres adultas). O posicionamento "pró-vida", portanto, tem compromisso com a desigualdade, perpetuando e intensificando, assim, a desigualdade social das mulheres e a diferença no direito das vidas ao luto.

Para nossos objetivos, é relevante a afirmação de Foucault de que não existe um direito apriorístico à vida – o direito à vida deve primeiro ser estabelecido para então ser exercido. Sob condições de soberania política, por exemplo, o direito à vida – e mesmo o direito à própria morte – só existe para aqueles que foram constituídos como sujeitos com direitos. Sob condições biopolíticas, entretanto, o "direito" à vida é muito mais ambíguo, já que o poder controla *populações*, não sujeitos individuais. Além disso, a relação da biopolítica com questões de vida e morte é diferente daquilo que ele chama de "relações de guerra". A lógica de guerra segue a máxima: "Se você quer viver, é preciso que você faça morrer, é preciso que você possa matar"[5].

---

[3]   "A soberania fazia morrer e deixava viver. E eis que agora aparece um poder que eu chamaria de regulamentação e que consiste, ao contrário, em fazer viver e em deixar morrer." Michel Foucault, *Il faut défendre la société, Cours au Collège de France (1975–1976)* (Paris, Seuil, 1976), p. 213 [ed. bras.: *Em defesa da sociedade*, trad. Maria Ermantina Galvão, São Paulo, Martins Fontes, 1999].

[4]   Para Ruth Wilson Gilmore, "o racismo, especificamente, é a produção e a exploração extralegais ou autorizadas pelo Estado da vulnerabilidade diferenciada de grupos à morte prematura". Ruth Wilson Gilmore, *Golden Gulag: Prisons, Surplus, Crisis, and Opposition in Globalizing California* (Berkeley, University of California Press, 2007), p. 28.

[5]   A terceira pessoa – o *on* em francês – é ambiguamente singular e plural, então não fica claro se a guerra decorre da autopreservação ou da preservação de um grupo. Michel Foucault, *Il faut défendre la société*, cit., p. 255.

Ele reformula essa máxima básica ao menos duas vezes; posteriormente ela aparece como: "Se quer viver, o outro tem de morrer". Na primeira versão, temos de estar preparados para matar, e matar é um meio de preservar nossa vida. Na segunda versão, para vivermos, o outro tem de morrer, mas não precisamos ser aquele que tira essa outra vida. Isso abre caminho para tecnologias e procedimentos pelos quais a vida pode ser abandonada ou "deixada à morte", sem que *ninguém* assuma a responsabilidade pela ação[6].

É mais difícil discernir nessa visão como a raça entra na guerra ou, na verdade, como o racismo de Estado entra nas guerras que funcionam de acordo com lógicas biopolíticas. Foucault separa a biopolítica da ideia de guerra na medida em que afirma que o biopoder tem uma relação diferente com a morte. Segundo ele, no biopoder, a "morte que se abate brutalmente sobre a vida", mas vida e morte são reguladas por outros tipos de lógica administrativa e institucional. No entanto, os dias de morte que se abate sobre a vida não acabaram, mesmo que às vezes Foucault escreva como se tivessem acabado, a fim de ressaltar outro tipo de poder. Para ele, poder e violência são agora mais indiretos, menos espetaculares, menos orquestrados pela violência do Estado. Mas não é fácil separar o poder soberano do biopolítico – como ele mesmo apontaria em aulas subsequentes –, e deveríamos considerar suspeito qualquer esforço para estabelecer uma sequência histórica ordenada em que um claramente se segue ao outro. Esse é o caso, em particular, se a sequência depende de uma versão progressiva da história europeia moderna – que, aliás, não leva em consideração as guerras europeias sofridas e travadas nos dois últimos séculos.

O que acontece se uma vida é considerada não viva, quer dizer, o que acontece se ela não é assinalada como vida? Se Foucault pôde afirmar muito claramente que o direito à vida pertence apenas ao sujeito que já é constituído como sujeito com direitos, para o qual a vida é um direito necessário, então não poderíamos dizer também que a condição de ser vivo tem primeiro de ser constituída para que alguém se torne um sujeito com direito à vida? Se o racismo é um meio de "introduzir um corte no domínio da vida sob controle do poder", como ele afirma, talvez possamos pensar que esse corte faz a distinção não apenas entre tipos superiores e inferiores dentro da noção de espécies, mas também entre viventes e não viventes[7]. Afinal, se uma população não vivente é destruída, nada digno

---

[6] Ibidem, p. 213.

[7] Para Foucault, o racismo constitui a biopolítica como "cesura" ou ruptura no contínuo das espécies: "Essa é a primeira função do racismo: fragmentar, fazer cesuras nesse contínuo

de nota aconteceu: não há destruição, apenas a remoção de uma curiosa obstrução no caminho dos viventes.

Foucault antecipa que os críticos do campo da teoria política vão questionar sua descrição da vida. Ele se retira desse debate, talvez por receio de se comprometer com certo vitalismo ou certa explicação fundacionalista da vida que precede o contrato, a soberania e a biopolítica[8]. "Tudo isso é uma discussão de filosofia política que pode ser deixada de lado", escreve ele, "mas que mostra claramente como o problema da vida começa a se problematizar no campo do pensamento político".[9] O problema não pode ser deixado de lado, mas não porque existem pressupostos sobre a forma de vida que precedem o domínio do poder. Ao contrário, em minha opinião, o poder já se encontra em operação por meio de esquemas racistas que fazem persistentemente distinção não apenas entre vidas que valem mais e menos, que são mais e menos enlutáveis, mas também entre vidas que são assinaladas, com maior ou menor ênfase, como vidas. Uma vida só pode ser assinalada como vida no interior de um esquema que a apresente como tal. A anulação ou a forclusão epistemológica do caráter vivente de uma população – a própria definição de uma epistemologia genocida – estrutura o campo dos viventes em um *continuum* que tem implicações concretas para a pergunta: de quem é a vida que merece ser preservada, de quem é a vida que importa e de quem é a vida enlutável?

Fazer essa pergunta é confrontar, desde o princípio, esse "esquema histórico-racial" – expressão usada por Frantz Fanon em *Pele negra, máscaras brancas* – que funciona como forma de percepção e projeção, um invólucro interpretativo que envolve o corpo negro e orquestra sua negação social. Na verdade, Fanon distingue o esquema histórico-racial do "esquema epidérmico-racial" (que fixa uma essência da vida negra), mas é o primeiro que parece ter relação direta com a ideia de "esquema corporal" do fenomenólogo francês Maurice Merleau-Ponty e os esquemas de racismo que pesam sobre o direito ao luto. Para Merleau-Ponty, o esquema corporal é uma organização de relações corporais tácitas e estruturantes com o mundo, mas é também a operação de constituir a si mesmo nos termos disponíveis neste mundo. O esquema histórico-racial, de

---

biológico a que se dirige o biopoder". Michel Foucault, *Society Must Be Defended* (trad. David Macey, Nova York, Picador, 2003), p. 255.

[8] Ver Catherine Malabou, "One Life Only: Biological Resistance, Political Resistance", *Critical Inquiry*, v. 42, n. 3, 2016.

[9] Ibidem, p. 241.

acordo com Fanon, tem de ser fundado em um nível mais profundo e vem para romper o esquema corporal idealizado que foi proposto por Merleau-Ponty[10]. Os elementos do esquema histórico-racial são fornecidos pelo que ele chama de "o homem branco" – uma figura das forças do racismo que transforma a experiência corporal negra do mundo em uma "clara incerteza". Por um lado, uma "consciência em terceira pessoa" entra em uma "consciência em primeira pessoa", de modo que o próprio modo de percepção do indivíduo é cindido por outra consciência. Quem vê quando estou vendo? E quando me vejo, estou vendo apenas através dos olhos de outra pessoa? Por outro lado, o esquema corporal descreve formas de construir a si mesmo a partir dos elementos do mundo: Fanon descreve seu "esquema" desejável como uma "lenta construção do meu eu enquanto corpo no interior de um mundo espacial e temporal". A figura poderosa do que ele chama "o homem branco" é aquela "que me teceu com mil detalhes, anedotas, relatos"[11]. Assim, à medida que escreve, ele conta ter sido escrito e tecido por uma terceira pessoa, e percebemos naquelas linhas a lenta luta de autoconstrução que investiga a decomposição do esquema corporal por meio do funcionamento do racismo. Isso se dá no nível da experiência corporal de si mesmo em um mundo no qual esse esquema é desmantelado, expropriado, habitado, ocupado, decomposto.

Fanon obviamente usa a primeira e a terceira pessoas, figuras como o homem negro e o homem branco, para articular essa noção de esquema. Mas o esquema histórico-racial é mais amplo e mais difuso que essas figuras específicas. Na verdade, esse esquema incide sobre a vida viva e corporificada das populações e, assim, oferece um suplemento crítico às reflexões de Foucault sobre o racismo contra as pessoas negras e o biopoder. Esse esquema histórico-racial precede e molda as políticas mundiais para saúde, fome, refugiados, migração, ocupação e outras práticas coloniais, violência policial, encarceramento, pena de morte, bombardeio intermitente e destruição, guerra e genocídio. Embora, no fim de sua série de aulas, Foucault identifique o "racismo de Estado" como um dos instrumentos centrais de controle da vida e da morte das populações, ele não nos diz exatamente como o racismo faz para estabelecer valores relativos para vidas diferentes. Há, é claro, um sentimento patente de que algumas populações são alvo de modalidades de poder soberano, e há um "deixar morrer" orquestrado

---

[10] Frantz Fanon, *Black Skin, White Masks* (Nova York, Grove, 2008), p. 91 [ed. bras.: *Pele negra, máscaras brancas*, trad. Sebastião Nascimento, São Paulo, Ubu, 2020].

[11] Idem.

pelo biopoder, mas como explicamos os modos diferenciados pelos quais vidas e mortes importam ou não? Se tomamos a racialização como um processo pelo qual o esquema racial se materializa na própria percepção de quais vidas importam e quais não importam[12], então podemos perguntar: como essas modalidades diferenciadas de percepção entram nos debates militares e políticos sobre as populações-alvo e as pessoas encarceradas? E de que maneira essas modalidades operam como conjunto de pressupostos aceitos acriticamente – esquemas raciais – em nossos próprios debates sobre violência e não violência?

No fim de *Em defesa da sociedade*, Foucault apresenta a possibilidade de que as populações precarizadas ou abandonadas ainda não foram constituídas como sujeitos de direitos e que, para compreender quem são elas – quer dizer, o modo como são construídas no interior do campo político –, precisamos de uma alternativa ao modelo de sujeito. Isso abre caminho para refletirmos sobre o racismo de Estado e também sobre as modalidades de agência e resistência que emergem de uma população que não pode ser pensada como sujeito individual nem como sujeito coletivo, mas, infelizmente, esse não foi o caminho que Foucault acabou seguindo[13].

Talvez esse projeto abandonado ainda possa ser retomado: se, como Foucault argumentou, sob o poder soberano o sujeito tem direito à vida apenas com a condição de que seja constituído como sujeito com direitos, então, pode-se pensar que, em uma condição de biopoder, a população tem direito à vida apenas sob a condição de que seja assinalada como potencialmente enlutável. Essa é minha tese, minha maneira de oferecer um complemento a Foucault trazendo Fanon para a questão da participação dos esquemas raciais nas figurações raciais do que é vivo, dos fantasmas sociais que moldam as avaliações demográficas de quem é enlutável e quem não é, a quem pertence a vida que deve ser preservada e de quem é a vida que pode ser eliminada ou abandonada à morte. É óbvio que existe um vasto *continuum* de direito ao luto, e pode-se guardar luto por certas populações em determinado contexto, mas elas permanecem ignoradas em outro; e algumas modalidades de luto podem ser reconhecidas enquanto outras são descartadas

---

[12] Ver Michael Omi e Howard Winant, *Racial Formation in the United States* (3. ed., Londres, Routledge, 2015), e Karim Murji e John Solomos (orgs.), *Racialization: Studies in Theory and Practice* (Oxford, Oxford University Press, 2005).

[13] Ver Kim Su Rasmussen, "Foucault's Genealogy of Racism", *Theory, Culture, and Society*, v. 28, n. 5, 2011, p. 34-51, e Ann Stoler, *Race and the Education of Desire* (Durham, Duke University Press, 1995).

ou despercebidas. No entanto, os esquemas dominantes pelos quais o valor da vida é concedido baseiam-se em uma modulação do direito ao luto, quer essa métrica seja nomeada, quer não.

O esquema histórico-racial que nos permite afirmar "essa é ou foi uma vida" ou "essas são ou foram vidas" está intimamente ligado à possibilidade de modalidades necessárias de valorização da vida: preservação da memória, salvaguarda, reconhecimento e preservação da vida. ("Essa é uma vida que merece ser vivida, que merece ser preservada" ou "Essas são vidas às quais se deve dar condição de vida, registro e reconhecimento como vida".) A fantasmagoria do racismo é parte desse esquema racial[14]. Podemos perceber que ela funciona como uma sequência de pensamentos cristalizada nas imagens em movimento que entram nos processos de deliberação para recusar a reivindicação de vida da pessoa cuja vida está em jogo; que opera dentro da métrica do direito ao luto. Faz isso, por exemplo, na sequência em que uma pessoa – como Eric Garner, em 2014, nos Estados Unidos – é estrangulada por um policial, anuncia audivelmente que não consegue respirar, é visível que ela não consegue respirar, é assinalado por todas as pessoas presentes que ela não sobreviverá ao estrangulamento prolongado e, no entanto, após a advertência, o estrangulamento se intensifica, vira dominação, sufocamento e assassinato. Será que o policial que estrangula uma pessoa até a morte imagina que alguém a ponto de morrer está realmente pronto para atacar ou que sua própria vida está em perigo? Ou será simplesmente que a vida dessa pessoa é uma daquelas que pode ser tirada, pois não é considerada vida, nunca foi vida, não se encaixa na norma de vida que faz parte do esquema racial e, portanto, não é assinalada como enlutável, merecedora de preservação? Ou na Carolina do Sul, em 2015, quando Walter Scott virou as costas para a polícia, desarmado, claramente assustado, e correu na direção oposta – como ele foi fantasmagoricamente transformado, visto como uma figura tão ameaçadora a ponto de ser assassinada? Talvez ali, no momento de decidir ou agir segundo a lógica da guerra étnica, o policial acredite que é a própria vida, não a do outro, que está em perigo. E talvez esse seja simplesmente o momento violento de um aparato biopolítico, um modo de conduzir essa vida à morte. Nesse caso, o homem negro está simplesmente

---

[14] Tanto o esquema epidérmico-racial como o esquema histórico-racial estão presentes nessa fantasmagoria. A atribuição de uma essência a uma minoria racial pode ser um caminho de negação do valor dessa vida, mas também de negação antecipada da própria possibilidade de se apreender essa vida como uma vida.

ali, vulnerável à morte, e é morto, como se ele fosse a presa, e os policiais, os caçadores. Ou ainda Trayvon Martin, assassinado por George Zimmerman, que posteriormente foi absolvido, e também Marissa Alexander, do mesmo bairro, que foi condenada a 22 anos de prisão por tentar se defender de um estupro.

Assim, quando mulheres ou homens negros desarmados, *queers* ou trans viram as costas para a polícia, andam ou correm para longe e, ainda assim, são alvejadas pela polícia – ação quase sempre justificada como autodefesa, ou defesa da sociedade –, como podemos compreender isso? Virar a cabeça, andar ou correr são realmente aproximações agressivas previstas pela polícia? O policial que decide atirar, ou apenas se pega atirando, pode estar deliberando ou não, mas parece que um fantasma se apodera desse processo reflexivo, inverte as figuras e os movimentos que ele vê para justificar de antemão qualquer ação letal que ele possa cometer. A violência que o policial está prestes a cometer, a violência que ele acaba cometendo, já avançou em sua direção como uma figura, um fantasma racializado, condensando e invertendo a própria agressão, brandindo a agressão contra ele mesmo, agindo por antecipação aos próprios planos de agir, legitimando e elaborando, como em um sonho, seu argumento final de autodefesa.

Obviamente, o quadro dessa violência tem de ser expandido para incluir formas de violência que visam ao mesmo tempo a raça e o gênero e, assim, revelar que, às vezes, a violência, em particular contra as mulheres negras, se dá em cenários diferentes, em uma sequência diferente de acontecimentos e com consequências diferentes. O relatório "Say Her Name: Resisting Police Brutality against Black Women" ["Diga o nome dela: resistindo à brutalidade policial contra mulheres negras"], publicado em julho de 2015 pelo Center for Intersectionality and Social Policy Studies [Centro para os Estudos sobre Interseccionalidade e Políticas Sociais], dirigido por Kimberlé Williams Crenshaw e Andrea Ritchie, deixa claro que quase todos os exemplos dados pela mídia para ilustrar a violência policial contra pessoas negras nos Estados Unidos envolvem homens negros, estabelecendo que os quadros dominantes para se compreender o racismo contra as pessoas negras e a violência policial operam em um enquadramento de gênero restritivo[15]. Reivindicando uma "abordagem inclusiva de gênero na justiça racial", Crenshaw chamou a atenção para o modo como as mulheres negras são superpoliciadas e subprotegidas, mas também

---

[15] African American Policy Forum, "#SayHerName: Resisting Police Brutality against Black Women", *AAPF*, 2015. Disponível em: <https://www.aapf.org/sayhername>; acesso em: 9 jun. 2021.

para o fato de que a morte ou as lesões que sofrem não são inteiramente documentadas ou assinaladas, mesmo nos movimentos sociais que fazem oposição explícita à violência policial[16].

Para dar visibilidade a esse problema, precisaríamos explicar as várias maneiras pelas quais as mulheres negras enfrentam a morte no confronto com a polícia, seja na rua, em casa, seja na prisão. Há mulheres que são paradas por cometer uma infração de trânsito e acabam baleadas: Gabriella Nevarez em Sacramento, em 2014; Shantel Davis no Brooklyn, em 2012; Malissa Williams em Ohio, em 2012; LaTanya Haggerty em Chicago, em 1999. E, é claro, Sandra Bland, que foi parada pela polícia em julho de 2015 por não sinalizar mudança de pista, acusada de agressão, detida em Waller County (Texas) e encontrada morta em sua cela três dias depois. Ainda não está claro se foi suicídio ou assassinato. Convém assinalar também o número de mulheres negras que são assassinadas quando a polícia é chamada para intervir em brigas domésticas – geralmente, a polícia alega que as mulheres foram agressivas ou empunhavam facas, o que pode ser verdadeiro ou não, mas em alguns casos parece que descumprir uma ordem policial resulta em ser baleada. Nem sempre, porém, é o tiro à queima-roupa que tira uma vida: um pedido de socorro médico para uma crise de asma não é atendido, e Sheneque Proctor morre em uma cela em Bessemer (Alabama), em 2014. Superpoliciadas, as mulheres negras são frequentemente consideradas agressivas, perigosas, incontroláveis ou "mulas" do tráfico; subprotegidas, seus pedidos de ajuda, de tratamento médico ou psiquiátrico, são ignorados ou desdenhados.

O racismo europeu contemporâneo talvez assuma formas diferentes, mas os esforços para impedir a entrada de migrantes na Europa estão enraizados, em parte, no desejo de manter a Europa branca e proteger uma nacionalidade imaginada pura. Pouco importa que a Europa nunca tenha sido exclusivamente branca, já que a ideia da branquitude europeia é uma fantasia que tenta se realizar à custa de uma população viva que inclui pessoas do Norte da África, da Turquia e do Oriente Médio. Se seguimos o que diz Foucault sobre o biopoder, e o lemos com o que diz Achille Mbembe sobre a necropolítica[17], podemos

---

[16] Kimberlé Williams Crenshaw, "From Private Violence to Mass Incarceration", *UCLA Law Review*, v. 59, 2012, p. 1.418.

[17] Achille Mbembe, "Necropolitics", *Public Culture*, v. 15, n. 1, 2003, p. 11-40 [ed. bras.: "Necropolítica", *Arte e Ensaios*, v. 2, n. 32, 2016]; ver também *Necropolitics* (Durham, Duke University Press, 2019) [ed. bras.: *Necropolítica*, trad. Renata Santini, São Paulo, n-1, 2019].

abordar analiticamente as políticas que reproduzem essa métrica do direito ao luto. Milhares de migrantes que perderam a vida no Mediterrâneo são vidas que não são consideradas dignas de proteção. O Mediterrâneo é vigiado para fins de comércio e segurança marítima, quase sempre tem cobertura celular; então, quantos países devem negar sua responsabilidade para que essas pessoas sejam abandonadas à morte? Ainda que fosse possível identificar o funcionário desse ou daquele governo europeu que decidiu não enviar ajuda a uma embarcação em apuros, não conseguiríamos entender plenamente a política em larga escala que deixa populações morrerem, que prefere deixar que morram a permitir que entrem. Por um lado, são decisões, e podemos identificar os responsáveis por elas; por outro, a métrica do direito ao luto está integrada nessas decisões, de maneira que, desde o princípio, populações migrantes não são enlutáveis. Não podemos perder as pessoas que não podem ser reconhecidas como dignas de luto. Elas são tratadas como além da perda, já perdidas, nunca vivas, nunca com direito à vida.

Todas essas formas de tirar uma vida ou deixar uma vida morrer não são apenas exemplos concretos do modo como funciona a métrica do direito ao luto; elas têm o poder de determinar e distribuir o direito ao luto e o valor da vida. São operações concretas da métrica em si, de suas tecnologias, de seus pontos de aplicação. E, nesses casos, percebemos a convergência da lógica biopolítica do esquema histórico-racial com as inversões fantasmagóricas que ocluem o laço social: o que pode parecer um ato de violência isolado ou uma expressão da psicopatologia individual revela-se parte de um padrão, um momento determinado dentro de uma *prática reiterada* de violência. Essa prática consolida e tem como base um esquema racial em que a agressão se justifica por uma lógica que recorre à inversão fantasmagórica da agressão, funcionando não apenas como defesa em potencial, mas também como a efetiva moralização do assassinato – um esquema racial em que a condição de vida do migrante, que não é assinalada no campo de percepção do enlutável, já é excluída, porque desde o princípio aquela vida não merecia ser salvaguardada nem assinalada como vida.

A violência da lei: Benjamin, Cover, Balibar

Podemos concluir que um senso jurídico mais forte e mais justo deveria ser aplicado em tais casos. Entretanto, a ideia de que conflitos devem ser tratados por meio da lei, não por meio da violência, presume que a lei não exerce sua própria violência e não redobra a violência do crime. Não podemos aceitar prontamente a ideia de que a violência é resolvida assim que passamos de um conflito violento extralegal para o Estado de direito. Como sabemos, há regimes legais fascistas e racistas que imediatamente desacreditam essa visão, já que têm seu próprio Estado de direito – que, em bases extralegais, chamaríamos de "injusto". Poderíamos dizer que esses casos são de direito falho, ou que aquilo que esses regimes oferecem não é propriamente direito, e a partir disso estipular o que deve ser o direito; mas esse caminho não considera se o caráter juridicamente obrigatório do direito exige e institui a coerção ou se a coerção é distinguível da violência. Se não for, a passagem de um campo conflituoso extralegal para um campo legal é uma mudança de um tipo de violência para outro.

Em oposição à visão de que o direito estabelece relações civis baseadas na liberdade e a guerra estabelece condições coercitivas de conduta, Walter Benjamin identifica claramente a coerção no cerne dos regimes legais como violência (*Gewalt*) não apenas por seu poder punitivo e carcerário, mas também pela criação e imposição das próprias leis. Não surpreende, portanto, que se considere muitas vezes que o ensaio "Crítica da violência", de Benjamin, termina com a figura do poder divino, compreendido como um anarquismo puramente destrutivo. No entanto, o texto começa com uma consideração sobre o direito tradicional e o direito positivo que mostra os limites de cada um. De início, a crítica que ele faz é descrita como "histórico-filosófica", o que significa que ele tenta compreender como certas modalidades de justificação se tornaram parte do raciocínio jurídico e de seu poder. Ele enfoca, em especial, o fato de que, quando a violência é discutida nos termos da tradição legal considerada por ele, quase sempre ela é compreendida como um "meio". Um jusnaturalista perguntará se a violência serve a um "fim justo", invocando uma ideia de justiça que já foi decidida. Um positivista afirmará que não é possível justificar um fim fora dos próprios termos do sistema legal, já que o direito é o que fornece nossa ideia de justiça. Em qualquer desses casos, a violência é abordada primeiro pela pergunta: o que justifica a violência ou à luz de quais fins a violência é justificada? Isso deixa em aberto a questão de podermos conhecer a violência fora dos esquemas justificatórios pelos quais ela é abordada. O objeto é imaginado de antemão, então como podemos conhecer a violência fora desses esquemas? E, se esses esquemas fornecem justificações para a violência de um regime e um sistema jurídico em oposição a qualquer contraviolência (que seria injustificada), em que medida devemos colocar de lado essas modalidades de justificação para compreender o quadro mais amplo, no qual Estados e poderes legais justificam a própria violência como coerção legítima e consideram uma violência inaceitável todas as formas de contraviolência?

Na verdade, Benjamin apresenta três formas inter-relacionadas de violência nesse ensaio, distinguindo violência "instauradora do direito" (*rechtsetzend*) de violência "mantenedora do direito" (*rechtserhaltend*) e, posteriormente, introduzindo a ideia de "violência divina" (*göttliche Gewalt*). Em termos gerais, a violência mantenedora do direito é exercida pelos tribunais, ou mesmo pela polícia, e representa um esforço constante e institucionalizado de reafirmação e aplicação do direito existente, de forma que se mantenha obrigatório para a população governada por ele. A violência instauradora do direito é a criação de um novo direito: por exemplo, o direito que é estabelecido quando se cria um regime político. Para Benjamin, no estado de natureza, o direito não é produto de nenhuma deliberação; ele surge por retaliação ou exercício de poder. Na verdade, a instauração do direito é prerrogativa das forças militares ou da polícia, quando uma das duas se utiliza de ações coercitivas para lidar com uma população considerada indisciplinada ou ameaçadora. Na visão de Benjamin, os atos pelos quais o direito é postulado e estabelecido são obra do "destino". Direitos instituídos dessa forma não são justificados por um direito anterior nem pelo recurso a uma justificação racional ou a um conjunto racional de fins. Ao contrário, as justificações para o direito sempre vêm depois do direito em si. Portanto, o direito não se forma organicamente ao longo do tempo, codificando convenções ou normas existentes, mas é a instituição do direito que cria as condições para os procedimentos justificatórios e as deliberações sobre as ações justificáveis. Em outras palavras, o direito é o quadro de referência implícito ou explícito no qual consideramos se a violência é ou não um meio justificado para alcançar determinado fim, mas também se uma força deve ser chamada de "violenta" ou não. O regime jurídico, uma vez fundado, também estabelece esquemas justificatórios e práticas de nomeação. Na verdade, ele faz isso por decreto, e isso faz parte do que se entende como violência da fundação da lei. De fato, a violência da violência instauradora do direito está presente no imperativo vinculativo com que ele se inicia: "Esta será a lei" ou "Esta agora é a lei". A continuidade de um regime jurídico exige a reiteração do caráter vinculativo do direito, e na medida em que a polícia ou as forças militares reafirmam o direito, elas não só recapitulam o gesto fundador ("Esta será a lei"), como preservam e mantêm o direito. Embora a *Gewalt* instauradora do direito e a mantenedora do direito sejam descritas por Benjamin como distintas, a polícia opera ambas as formas, o que implica que o direito é "mantido" simplesmente por ser afirmado e reafirmado como obrigatório. Portanto, o direito depende da polícia ou das forças militares para reafirmá-lo e mantê-lo.

Na medida em que busca descrever essa operação da violência no direito, Benjamin tenta estabelecer uma posição crítica em relação à violência jurídica. Embora muitos leitores passem diretamente à invocação da "violência divina" no fim do ensaio, este é largamente mal interpretado, e esse rápido movimento para o mais incendiário tende a perder de vista uma parte do texto que aventa a possibilidade da não violência. Na verdade, o único momento em que Benjamin nomeia explicitamente a "não violência" nesse ensaio é relacionado ao que ele chama de "resolução não violenta do conflito", que toma forma de "técnica de governança civil". É importante destacar que essa técnica não é um meio concebido para alcançar um fim. A não violência não é um meio de atingir um objetivo ou um objetivo em si. Ao contrário, é uma técnica que excede tanto a lógica instrumental quanto o esquema teleológico de desenvolvimento – é uma técnica não governada ou, pode-se dizer, ingovernável. É contínua, aberta e, portanto, o que Benjamin chama de "fim puro" – outro nome para a noção de crítica como modalidade ativa de pensamento ou compreensão, sem limites impostos pela lógica instrumental e teleológica. Se, teoricamente, Benjamin tenta questionar os limites dos esquemas justificatórios que são estabelecidos pela violência jurídica e atendem aos objetivos dela, então a técnica de resolução de conflitos é uma prática que opera fora dessa lógica, escapando de sua violência e encenando uma alternativa não violenta.

Contra o entendimento hobbesiano do contrato como forma de resolver o conflito violento "natural" (pré-jurídico), Benjamin insiste, em "Crítica da violência", que "uma solução de conflitos totalmente não violenta jamais pode desembocar num contrato jurídico", já que, para ele, o contrato é o início da violência jurídica[18]. Mais adiante, ele dá um passo além: "Há uma esfera de entendimento humano que é não violenta na medida em que é totalmente inacessível à violência: a esfera propriamente dita do 'entendimento', a linguagem [*die eigentliche Sphäre der 'Verständigung,' die Sprache*]"[19]. Que explicação é

---

[18] Walter Benjamin, "Critique of Violence", em *Selected Writings*, v. 1: *1913-1926* (orgs. Marcus Bullock e Michael W. Jennings, Cambridge, Harvard University Press, 2004), p. 243 [ed. bras.: "Crítica da violência – crítica do poder", em *Documentos de cultura, documentos de barbárie: escritos escolhidos*, trad. Celeste H. M. Ribeiro de Souza et al., São Paulo, Cultrix/Edusp, 1986].

[19] Ibidem, p. 245 e 248.

essa da linguagem em que esta é sinônimo, ao mesmo tempo, de "entendimento" e de "não violência"? E como ela esclarece o que Benjamin diz sobre a violência divina, que no mínimo parece extremamente destrutiva?

Escrito em 1921, quase na mesma época, o ensaio "A tarefa do tradutor" aparece indiretamente aqui. Nesse ensaio, Benjamin não se refere à "violência" e à "não violência", mas destaca o poder da tradução de reforçar e ampliar a comunicabilidade, sugerindo que ela pode reduzir impasses na comunicação[20]. A tradução teria relação com a técnica da resolução de conflitos? De um lado, a tradução busca superar a situação de "não comunicabilidade" imposta por linguagens naturais ou sensoriais distintas. De outro, a tradução de um texto ajuda a desenvolver e entender melhor um ideal intrínseco da linguagem: a "linguagem em geral", que resolve o impasse e a falha na comunicação e a impossibilidade de contato. No ensaio "Sobre a linguagem em geral e sobre a linguagem do homem" (1916), Benjamin insiste que é "o nome divino" que transcende o impasse comunicativo, que ele especifica como "a infinitude divina da pura palavra"[21]. Mais tarde, em "A tarefa do tradutor", a "intenção" não sensorial que permeia todas as línguas é denominada "palavra divina". Isso não significa que uma presença divina fale, que toda língua seja traduzível. Ao contrário, na visão de Benjamin, existem "leis da tradução" que se encontram no original e "a tradução [...] em última instância serve para expressar o mais íntimo relacionamento das línguas entre si"[22]. A tradução é, evidentemente, o dilema posterior a Babel, mas a ideia de tradução de Benjamin dá continuidade ao sonho de Babel. Ela vincula a tarefa da tradução à promoção do entendimento onde antes havia impasse, ou até mesmo conflito. Desse modo, podemos perceber que a lei ou as leis enfaticamente não jurídicas da tradução estão em consonância com o domínio extrajurídico da não violência: a técnica pré ou extracontratual da resolução permanente do conflito.

---

[20] Idem, "The Task of the Translator", em *Selected Writings*, cit., p. 260-2 [ed. bras.: "A tarefa do tradutor", em *Escritos sobre mito e linguagem (1915-1921)*, trad. Suzana Kampff Lages e Ernani Chaves, São Paulo, Editora 34, 2011]. Ver também "On the Program of the Coming Philosophy" (1918), em *Selected Writings*, cit., p. 100-13 [ed. bras.: *Sobre o programa da filosofia por vir*, trad. Helano Ribeiro, Rio de Janeiro, 7 Letras, 2019], no qual a evolução contínua da comunicabilidade condiciona a relação entre filosofia e religião.

[21] Idem, "On Language as Such", em *Selected Writings*, cit., p. 69 [ed. bras.: "Sobre a linguagem em geral e sobre a linguagem do homem", em *Escritos sobre mito e linguagem*, cit.].

[22] Idem, "Task of the Translator", cit., p. 255.

Para Benjamin, a tradução consiste em uma atividade recíproca de uma língua sobre a outra, na qual a língua de chegada transforma-se no decorrer da troca. Essa atividade recíproca da tradução altera, intensifica e amplia todo idioma colocado em contato com outro, expandindo o domínio da comunicabilidade em si ao concretizar parcialmente aquela "intenção" não sensível que permeia todas as línguas. Essa intenção nunca pode ser concretizada, também está sempre em andamento. O ideal de uma comunicabilidade em expansão e intensificação tem uma semelhança importante com a referência que Benjamin faz, em "Crítica da violência", à linguagem (*die Sprache*) como a "esfera de entendimento humano totalmente inacessível à violência"[23]. Essa técnica de governança civil, descrita como uma modalidade permanente de resolução de conflito, baseia-se na linguagem enquanto tal – o que significa que ela traz em si uma possibilidade constitutiva de tradutibilidade não apenas entre as línguas, mas também entre posições conflitantes dentro de uma língua. Toda língua traz em si uma abertura para língua estrangeira, uma receptividade ao contato e à transformação pelo estrangeiro.

Essa ênfase na língua e na tradução é um momento de grande idealismo, talvez um idealismo linguístico, talvez um uso ambíguo da figura religiosa de uma palavra divina – palavra, aliás, que é descrita como "divina" sem qualquer indicação de um Deus ao fundo. Se há algo de divino, o termo parece funcionar como adjetivo. Qual é a relação entre a palavra divina que se expande por meio de um processo complexo de tradução e o que é chamado, em "Crítica da violência", de "violência divina"? Podemos relacionar a violência divina ao cenário em que Benjamin reflete acerca de uma técnica civil de resolução de conflitos? Esta última é explicitamente chamada de "não violenta". Será que a violência divina é rebatizada de não violência nessas passagens desse ensaio em que a linguagem figura como um terreno não violento?

Minha sugestão de que a violência divina poderia muito bem ser relacionada a essa técnica de governança civil "não violenta" não é popular, já que o rompimento repentino no fim do ensaio anuncia uma violência de outra ordem. Não obstante, o que pode se revelar fundamental para a leitura desse ensaio aparece quase entre parênteses: essa modalidade melhorada e potencialmente infinita de entendimento que Benjamin elabora como "resolução de conflito" em "Crítica da violência" poderia ser o ressurgimento de um potencial da linguagem que ele começou a elaborar em reflexões anteriores sobre a linguagem e a tradução.

---

[23]   Idem, "Critique of Violence", cit., p. 245.

Se essas técnicas de não violência suspendem os quadros legais que governam nossa compreensão da violência, talvez essa "suspensão" da violência legal seja precisamente o que é entendido por "violência divina". É uma violência causada à violência da lei, expondo sua operação letal e estabelecendo na sociedade civil uma técnica alternativa e permanente que não tem necessidade da lei.

Empregando a "violência" de várias maneiras e nomeando como violenta uma técnica não violenta, Benjamin assinala o poder de essa técnica recusar ou suspender o quadro totalizante do direito. Também mostra a possibilidade de cunhar a "violência" de novas maneiras, dando a entender que o termo é usado para nomear atividades que contestam o monopólio legal da violência. Quando o "soco" é apresentado como uma força potencialmente revolucionária, ele se alia a essa "violência divina" precisamente porque o ataque, em sua forma generalizada, nega o caráter obrigatório do regime legal. A violência divina só pode ser "destrutiva" porque destrói aqueles laços, impregnados de culpa, que garantem a lealdade dos bons cidadãos, dos bons sujeitos legais, aos regimes jurídicos violentos. Ao destruir a violência legal, a violência divina (pensada agora tanto por intermédio da resolução de conflitos quanto da tradução) estabelece a possibilidade de uma troca extralegal que leva em consideração a violência, mas é, em si, não violenta. De certo ponto de vista, essa troca extra-legal é "não violenta", enquanto da perspectiva do regime legal ela é violenta.

A visão de Benjamin foi adotada pelo jurista Robert Cover, que estava preocupado, sobretudo, com o ato de interpretação jurídica como portador de uma violência própria. Ele argumentou que a "relação entre a interpretação jurídica e a imposição de dor também é efetiva nos atos legais mais rotineiros"[24]. Isso talvez seja mais claro no ato da sentença, um ato discursivo que tem o poder de encarcerar alguém por toda a vida, ou até mesmo tirar a vida da pessoa. Pois, ao interpretar a lei – e a sentença é a enunciação da interpretação a que o juiz chega –, o juiz age para iniciar e justificar uma punição que, naquele momento, envolve policiais e carcereiros, que reprimem, ferem, deixam sem socorro ou abandonam à morte o prisioneiro ou a prisioneira. Assim, o ato discursivo não está separado desses outros atos: é o momento inicial desse processo violento e, portanto, em grande medida, um ato violento. Depois de

---

[24] Robert M. Cover, "Violence and the Word", *Yale Law School Faculty Scholarship Series*, artigo 2.708, 1986, p. 1.607. Disponível em: <https://digitalcommons.law.yale.edu/ylj/vol95/iss8/7/>; acesso em: 9 jun. 2021. [ed. bras.: "Violência e a palavra", *Revista da Faculdade de Direito do Sul de Minas*, trad. Maurício Pedroso Flores, Pouso Alegre, v. 35, n. 2, jul./dez. 2019].

afirmar que "a interpretação jurídica é uma forma de interpretação vinculada", Cover faz uma afirmação polêmica:

> Se pessoas desaparecem, se morrem subitamente e sem cerimônia na prisão, independentemente de qualquer justificação e autorização articulada de seu falecimento, então não temos interpretação constitucional no centro desse ato nem o ato – a morte – no centro da Constituição.[25]

Mas e se a morte em prisão fosse proibida e a lei tivesse falhado, não tomando as medidas necessárias? Não existe proteção constitucional para que pessoas em risco de morte na prisão recebam a assistência e os recursos necessários para continuarem vivas? Em outras palavras, se a prisão lida com a morte não apenas sob a forma da pena de morte, mas também por meios mais ou menos sistemáticos de negligenciar certas vidas e não outras, parece evidente que algumas proteções legais obrigatórias não foram respeitadas – nem mesmo as que podem envolver direitos constitucionais. É óbvio que a prisão lida com a morte (lenta e rapidamente), mas também administra a vida e, portanto, mantém os corpos de maneira que desvaloriza a vida deles. Nesse sentido, repito, a perda do direito ao luto caracteriza os vivos e certamente constitui parte do tratamento injusto e desigual. Poderíamos contestar: seguramente existem direitos legais básicos à vida, salvaguardas legais contra ser abandonado à morte na prisão, ou na fronteira, ou no mar – direitos legais para que as pessoas recebam o socorro e os recursos necessários para continuarem vivas.

Cover insiste que os juízes cometem violência com seus atos interpretativos, inclusive com seus atos discursivos; para ele, por mais que os juízes se entendam conduzindo questões distantes das realidades mais sombrias da prisão, eles fazem parte do mesmo sistema violento. Conclui que essa violência deve ser aceita e organizada de forma que seja justificada. E propõe que "para que essa violência possa ser exercida de forma segura e efetiva, a responsabilidade por ela deve ser compartilhada" e "muitos atores" devem ser incluídos nessa ação orquestrada. Fundamentalmente, portanto, ele faz distinção entre regimes legais violentos justos e injustos. Dessa perspectiva, a violência não deveria ser aleatória nem produzida por um único ator.

Cover estava interessado em saber como pensamos a conduta dos juízes, mas seus pontos de vista se estendiam ao pensamento de que o sistema legal é

---

[25] Ibidem, p. 1.624.

impregnado de violência. Não abandonamos um mundo de violência sem lei para entrar em um mundo legal sem violência. A violência legal está presente não apenas nas práticas de sentença, ligadas às práticas de punição e encarceramento, mas também no caráter obrigatório da lei. A lei regula e proíbe e, ao fazê-lo, já desencadeia a ameaça de violência legal: se deixarmos de cumprir a lei, ela se apodera de nós. Cover não permite uma distinção fácil entre coerção e violência, dada a primeira como justificada e a segunda como injustificável. Pelo contrário, para ele, só existem formas melhores e piores de violência legal.

Sua visão é franca em relação à violência que opera dentro da lei e admite que não podemos abrir mão dela, embora devamos julgar entre suas melhores e piores formas, já que viver nos termos da lei é, para ele, obrigatório. Para Benjamin, o problema é mais profundo. Não há como nomear alguma coisa como a violência ou a não violência sem invocar imediatamente o quadro referencial no qual essa designação faz sentido. Isso pode parecer relativismo – o que você chama de violência, eu não chamo de violência, e assim por diante –, mas é algo muito diferente. Na visão de Benjamin, a violência legal renomeia constantemente seu próprio caráter violento como coerção justificável ou força legítima, tornando menos chocante a violência em jogo.

Benjamin documenta o que acontece com expressões como "violência" e "não violência" quando compreendemos que os quadros de referência nos quais são fixadas essas definições oscilam. Observa que um regime legal que busca monopolizar a violência deve chamar de "violento" tudo que o ameaça ou desafia. Por conseguinte, ele pode renomear sua própria violência como força necessária ou obrigatória, e até mesmo como coerção justificável, e, por atuar por meio da lei e como a lei, ela é legal e, portanto, justificada.

A essa altura, podemos perceber que algo que é chamado de "crítica" na visão de Benjamin, a qual questiona a produção e a autovalidação de esquemas de justificação, pode facilmente ser chamado de "violência" do ponto de vista de um poder que busca suprimir a crítica desses mesmos esquemas. Na verdade, para Benjamin, qualquer inquirição, qualquer afirmação, qualquer ação que ponha em dúvida o quadro de violência legal no qual o esquema justificatório é estabelecido será chamada de "violenta", e a oposição a essa forma fundamental de questionamento será compreendida como um esforço legal para conter e suprimir uma ameaça ao Estado de direito. Por um lado, portanto, Benjamin nos oferece um meio de desconstruir a falsa acusação de que uma relação crítica com um regime legal é, por definição, violenta, mesmo quando busca meios não violentos. Por outro lado, a posição de crítica é aquela que não aceita os esquemas justificatórios estabelecidos dentro de um referencial legal, que parece ter como principal objetivo a desconstituição de um regime legal.

Talvez não tenhamos de revelar o funcionamento da violência divina para compreender a dinâmica de reversão que caracteriza a ruptura revolucionária com a violência legal. Em *Violence and Civility*, Étienne Balibar oferece um excelente quadro referencial para compreendermos a violência que estamos investigando[26]. O que chamamos de "oscilação" dos quadros de referência é descrito por Balibar como um processo perpétuo de conversão da violência em violência. Balibar não adota uma política de não violência, mas de *antiviolência*. Argumenta que aquilo que Hobbes descreveu como condição violenta do estado de natureza é uma forma de violência social que acontece entre "homens". Para Hobbes, no entanto, a igualdade entre os homens no estado de natureza é afetada pela violência, tornando-se uma guerra de todos contra todos. A invocação da soberania visa a pôr um fim a essas relações beligerantes, mas só o faz ao postular a nação como uma forma nova de comunidade. O Estado-nação exerce sua violência soberana contra a violência "primitiva" da comunidade pré-nacional (posta como a comunidade dos homens no estado de natureza). Assim, uma violência é controlada por outra violência, e não parece haver meios de escapar desse círculo ou de um ritmo político pelo qual a violência estatal suprime uma violência, à qual classifica como "popular" ou "criminosa", dependendo da perspectiva, apenas para que essa violência seja, em algum momento, controlada pelos próprios levantes populares, considerados ações legítimas ou criminosas contra o Estado, dependendo do quadro referencial. Balibar escreve: "Podemos estar certos de que o próprio Hobbes jamais endossaria, conscientemente, uma interpretação ambivalente da repressão da violência por um poder soberano", já que esse poder soberano consiste na "aplicação racional dos princípios do direito natural"[27]. Mas Balibar aponta que "essa mesma teoria associa a forma coercitiva do direito e do Estado ao fato de que a violência 'natural' (e, nesse sentido, ilimitada) se esconde atrás de todas as contradições que possam surgir na sociedade civil"[28]. Adiante, observa que, para Hegel, "o Estado tende a promover a *conversão* da violência e alcança

---

[26] Étienne Balibar, *Violence and Civility: On the Limits of Political Philosophy* (Nova York, Columbia University Press, 2016).

[27] Ibidem, p. 31.

[28] Ibidem, p. 32.

seu objetivo interno produzindo essa conversão na história"[29]. Considera ainda que a "*Gewalt*, pela conversão que produz, transforma-se em outra *Gewalt*; a violência torna-se poder e autoridade"[30]. Hannah Arendt, para quem poder e violência são decididamente distintos, com certeza se oporia a essa formulação, mas não está claro se teria uma resposta ao problema da violência jurídica, seja na forma benjaminiana, seja na hobbesiana[31].

Uma conclusão provisória que decorre da análise de Balibar é que a violência aparece sempre duas vezes, embora não fique claro, em cada caso, se a tradução correta para *Gewalt* seria "violência" ou "força". Essa reversão, ou o que chamei de "oscilação", pertence à lógica interna da violência quando exercida por um poder e uma autoridade que tentam conter ou expulsar a violência "natural" ou extrajudicial. Por esse motivo, é importante investigar a nomeação e o uso da violência, e as reversões que ela sofre, pois suas formas são dinâmicas, se não dialéticas: uma forma se reverte em outra, e a nomenclatura muda e se inverte no decorrer dessa reversão. Por conseguinte, não podemos simplesmente partir de uma definição de violência e começar o debate sobre as condições sob as quais a violência é justificada ou não, pois primeiro temos de saber que quadro de referência está nomeando a violência, por quais apagamentos e com que propósito. A tarefa consiste, portanto, em investigar os padrões pelos quais a violência tenta nomear como violento aquilo que resiste a ela e como o caráter violento de um regime legal é exposto quando este reprime a divergência pela força, pune trabalhadores e trabalhadoras que recusam condições de exploração, isola grupos minoritários, encarcera seus críticos e expulsa potenciais rivais.

Embora eu não concorde inteiramente com Benjamin até sua conclusão anarquista, concordo com sua afirmação de que não podemos simplesmente adotar uma definição de violência e, em seguida, iniciar o debate moral sobre a justificação sem antes examinar criticamente como a violência foi circunscrita e qual versão se presume no debate em questão. Um procedimento crítico questionaria o próprio esquema justificatório, suas origens históricas, seus pressupostos e suas obstruções. O motivo pelo qual não podemos começar enunciando que tipo de violência é ou não justificado é que a "violência" se

---

[29] Ibidem, p. 33.

[30] Ibidem, p. 34.

[31] Hannah Arendt, "On Violence", em *Crises of the Republic* (San Diego, Harcourt, 1972) [ed. bras.: *Sobre a violência*, trad. André Duarte, 7. ed., Rio de Janeiro, Civilização Brasileira, 2016].

define desde o princípio em quadros referenciais determinados e aparece sempre já interpretada, "trabalhada" nesse quadro. É difícil ser a favor ou contra algo cuja própria definição nos escapa, ou que se apresenta sob formas contraditórias, para as quais não temos explicação. A historicidade desse trabalho está cristalizada no quadro referencial discursivo em que aparece a "violência" e tende a ser aquela em que a violência legal – e, poderíamos acrescentar, as formas institucionais de violência – em geral é foracluída. Se nos recusamos a responder que tipos de violência são justificados ou não, porque queremos chamar atenção para os limitados esquemas justificatórios que circunscrevem a questão, corremos o risco de nos tornarmos ininteligíveis – e/ou acabamos parecendo perigosos, ou mesmo uma espécie de ameaça. Assim, diante disso, a investigação crítica radical das bases legitimadoras de uma ordem legal pode ser chamada de "ato violento"; essa acusação, no entanto, opera para suprimir o pensamento crítico e, em última análise, serve para legitimar a lei existente.

Será que "violência", nesse caso, é o nome que se dá aos esforços para solapar e destruir as instituições da violência legal? Se sim, o termo serve menos para descrever um conjunto de ações e mais para impor uma avaliação sobre elas, e nesse ponto não importa muito se o termo "violência" funciona ou não como descrição adequada para qualquer que seja a investigação, ação ou inação. Na verdade, a avaliação precede e condiciona a descrição (o que não significa que não haja referente, apenas que a função referencial depende de um quadro em que seja cognoscível). Tudo que for chamado de "violência" passa a ser considerado violento sob uma perspectiva específica, arraigada em um quadro referencial definidor. Mas esses quadros também são definidos em relação uns aos outros e podem ser analisados em relação a estratégias de supressão e oposição. A violência em questão não é apenas física, embora o seja com frequência. E mesmo a violência física faz parte de estruturas mais amplas de violência racial, sexual e de gênero, e se nos limitamos ao golpe físico, em detrimento da estrutura mais ampla, corremos o risco de não conseguirmos explicar as violências linguísticas, emocionais, institucionais e econômicas – que expõem a vida a danos ou à morte, mas não tomam a forma literal de um "soco". Ao mesmo tempo, se desconsideramos de imediato o golpe físico, não entendemos o caráter corporificado da ameaça, do dano, do ferimento. Formas estruturais de violência cobram um preço do corpo, desgastando-o e desconstituindo-o em sua existência corpórea. Se sistemas de irrigação são destruídos ou populações doentes são abandonadas, isso não é corretamente entendido como ação de violência? E estrangulamentos e detenção à força?

Confinamento solitário? Violência institucional? Tortura[32]? A figura do golpe físico não é capaz de descrever todo o espectro da violência. Na verdade, nenhuma figura é capaz disso. Poderíamos começar a construir tipologias, como muitos fazem, mas as linhas demarcatórias entre os tipos de violência tendem a se embaralhar, e esse é um dos motivos pelos quais uma descrição fenomenológica do modo como a violência opera como um "ataque à estrutura do ser" é tão relevante para uma crítica da violência institucional e estrutural, especialmente da violência carcerária[33].

Isso não significa que se possa querer que a violência desapareça ou que se trata apenas de uma opinião subjetiva. Ao contrário: a violência está sempre sujeita a uma oscilação dos quadros de referência relativos às questões de justificação e legitimidade. Podemos entender como isso funciona a partir da análise antropológica de Talal Asad dos atos mortais[34]: algumas formas são justificadas, ou até mesmo glorificadas; outras são depreciadas e condenadas. A violência sancionada pelo Estado, e que dele depende, é justificada; a violência que não é do Estado é injustificada. De fato, com o apoio de algumas versões de Estado, o ato mortal realizado é dito em nome da justiça e da democracia, e, no caso da violência que não é do Estado, o ato mortal realizado é dito criminoso ou terrorista. Os métodos podem ser similares ou diferentes e podem ter um poder destrutivo equivalente em intensidade ou igualmente terrível em consequências. No entanto, o fato de a vida ser tirada de forma bastante brutal em cada quadro de referência nem sempre leva à percepção de que há mais proximidade entre os atos mortais do que se poderia esperar.

A questão não é aceitar um relativismo generalizado, mas antes analisar e expor a oscilação dos quadros referenciais nos quais ocorrem as práticas de nomeação. Pois somente então torna-se possível garantir nossa compreensão do que é não violência e o que ela envolve, em oposição a uma atribuição que a) dispensa e externaliza a violência em uma ação não violenta ou b) amplia o escopo da "violência" para incluir a crítica, a divergência e a desobediência.

---

[32] Ver o memorando de John Yoo sobre a tortura como violência legal e justificável. John Yoo, "Memorandum for William J. Haynes II. Re: Military Interrogation of Alien Unlawful Combatants Held Outside the United States", *US Department of Justice Office of Legal Counsel*, 14 mar. 2003. Disponível em: <aclu.org/files/pdfs/safefree/yoo_army_torture_memo.pdf>; acesso em: 9 jun. 2021.

[33] Lisa Guenther, *Solitary Confinement: Social Death and Its Afterlives* (Minneapolis, University of Minnesota Press, 2013).

[34] Talal Asad, *On Suicide Bombing* (Nova York, Columbia University Press, 2007).

Não deveria ser uma luta garantir a semântica das táticas não violentas de resistência às formas jurídicas ou econômicas de exploração, ou às formas políticas de coação, inclusive greves, greves de fome na prisão, paralisações de trabalho, formas não violentas de ocupação de edifícios ou espaços governamentais, oficiais ou cujo caráter público e privado é contestado, boicotes de vários tipos, inclusive culturais ou de consumo, sanções e assembleias públicas, petições e todas as outras formas de recusar uma autoridade ilegítima. O que tende a unificar as ações, ou inações, desse tipo é que elas põem em dúvida a legitimidade de um conjunto de políticas, atos, ou mesmo a legitimidade de uma forma específica de domínio, como é o caso das greves gerais ou da resistência anticolonial. E, ainda assim, por reivindicar mudanças na polícia, na formação do Estado ou no governo, todas podem ser chamadas de "destrutivas". Como exigem uma alteração substancial no *status quo*, trazer à tona a questão da legitimidade – exercício decisivo do pensamento crítico – transforma-se em ato violento. Quando "violência" passa a nomear formas não violentas de resistência à violência legal, torna-se ainda mais importante situar criticamente a prática de nomeação nos quadros de referência políticos e em seus esquemas de autojustificação. Vejo isso não apenas como uma tarefa para a teoria crítica contemporânea, mas para toda ética e política autorreflexiva da não violência.

Embora eu leve muito a sério a afirmação de Benjamin de que temos de pensar criticamente como os esquemas justificatórios são estabelecidos antes de utilizá-los, também acredito que somos obrigados a tomar decisões que nos comprometem com certos quadros de referência. Por mais que não possamos definir se a violência é ou não justificada sem sabermos o que se considera violência, não podemos deixar de definir o que diferencia a violência e a não violência. Em outras palavras, a operação de crítica não pode impedir o compromisso e o juízo. A análise de Benjamin questiona se qualquer ação deveria ser considerada violenta ou não violenta. O quadro no qual essa pergunta é colocada determina em grande parte a forma como ela é resolvida. Os esquemas justificatórios produzidos pelo direito tendem a reproduzir a própria legitimidade na mesma linguagem com que a pergunta é colocada e resolvida.

Mas acrescentemos um segundo ponto a esse argumento; a saber, o de que as estruturas de desigualdade afetam a disposição geral para perceber e nomear a violência, captar e declarar sua injustificabilidade. Pois um movimento não violento, ao ganhar poder, pode se tornar uma autoridade que pratica a violência legal; e uma autoridade violenta, quando dissolvida, pode abdicar de um quadro referencial legal. Do ponto de vista do poder respaldado por uma lei que monopoliza a violência como coerção, sempre será possível nomear os que buscam a dissolução desse regime legal como ameaça à nação, bandidos, adversários violentos, inimigos internos, ameaça à própria vida. Essa última acusação, porém, só se mantém quando a lei é coextensiva à vida. A visão de Benjamin é que essa coextensão nunca é plena.

A RELACIONALIDADE NA VIDA

Compreendo que esse argumento deixa muitas perguntas sem resposta, inclusive se nos referimos apenas à vida humana, ao tecido celular e à vida embrionária ou a todas as espécies e processos vivos e, portanto, às condições ecológicas da vida. A ideia é repensar a relacionalidade da vida normalmente oculta por tipologias que fazem distinções entre formas de vida. Eu incluiria, nessa relacionalidade, os conceitos de interdependência – e não apenas entre as criaturas humanas vivas, pois estas, vivendo em qualquer lugar, necessitando de terra e água para continuar vivendo, vivem também em um mundo onde a pretensão à vida de criaturas não humanas se sobrepõe claramente à pretensão humana e onde não humanos e humanos muitas vezes dependem uns dos outros para viver[35]. Essas zonas sobrepostas de vida (ou sobrevivência) têm de ser pensadas como relacionais e processuais, mas também como necessitando, cada uma delas, de condições de salvaguarda da vida.

Um dos motivos pelos quais argumento que a não violência tem de ser associada a um compromisso com a igualdade radical é precisamente porque a violência age como uma intensificação da desigualdade social. Essas desigualdades são diferentemente produzidas por formas biopolíticas de racismo e lógicas de guerra, mas ambas fazem uma distinção constante entre vidas enlutáveis e não enlutáveis, vidas valiosas e vidas descartáveis. As formas biopolíticas de violência não seguem exatamente a lógica de guerra, mas incorporam à sua racionalidade as cenas fantasmáticas dessa lógica: se a Europa ou os Estados Unidos (ou a Austrália) permitirem a entrada de imigrantes, a consequência de sua hospitalidade será a destruição. O novo imigrante é representado, portanto, como uma força de destruição que engolirá e rechaçará seu anfitrião. Essa fantasia se torna a base para justificar a destruição violenta das populações imigrantes. Essas populações corporificam e prenunciam a destruição e, portanto, devem ser destruídas. Contudo, o ato baseado nessa lógica revela que a violência em

---

[35] Donna Haraway, *The Companion Species Manifesto* (Chicago, Prickly Paradigm, 2003), e *When Species Meet* (Minneapolis, University of Minnesota Press, 2007).

116   A FORÇA DA NÃO VIOLÊNCIA

questão é a violência contra os imigrantes. Para essa lógica de guerra, há um impasse aterrorizante: ela imagina a condição do Estado que se defende dos imigrantes como de risco de violência e destruição. Todavia, a violência é a violência do Estado, alimentada por racismo e paranoia e dirigida contra a população imigrante. O erro cometido é claramente a imposição da violência; e ocorre ao mesmo tempo outro erro, o da reprodução da desigualdade social: esta adquire a forma de uma intensificação da diferença entre o valor conferido às vidas e seu direito ao luto. E é por isso que a crítica da violência precisa ser uma crítica radical da desigualdade. Além disso, a oposição à desigualdade implica a exposição crítica da fantasmagoria racial pela qual algumas vidas são consideradas pura violência ou ameaça iminente de violência, enquanto outras são consideradas como tendo direito à autodefesa e à preservação. Essa diferença de poder e sua forma fantasmagórica fazem parte do aparato conceitual pelo qual as questões de violência e não violência são debatidas e decididas na vida pública.

A crítica da violência não é o mesmo que a prática da não violência, mas essa prática não pode se desenvolver sem essa crítica. A prática da não violência tem de enfrentar todos esses desafios fantasmagóricos e políticos, e isso talvez se torne motivo de desesperança. Atualmente, Fanon é citado para muitos propósitos, inclusive para justificar a violência e lutar contra ela. Contudo, aqui ele se revela fundamental quando consideramos que o corpo, tão importante em *Pele negra, máscaras brancas*, reaparece no ensaio "Da violência" proporcionando um *insight* sobre a igualdade. Em Fanon, é claro, há a fantasia da musculatura sobre-humana, a idealização do corpo como forte o suficiente para derrubar a fortaleza do poder colonial – uma fantasia de hipermasculinidade que muitos criticaram. Mas há outra abordagem desse texto, e ela fornece uma visão da igualdade que emerge da situação de semelhança corporal:

> O colonizado descobre que sua vida, sua respiração, as batidas de seu coração são as mesmas do colonizador. Ele se dá conta de que a pele do colonizador não é mais valiosa que a pele do nativo; e é preciso dizer que essa descoberta abala o mundo de uma maneira absolutamente necessária. Toda a nova e revolucionária segurança do colonizado deriva dela. Pois, na verdade, se minha vida vale tanto quanto a do colonizador, o olhar dele já não me diminui nem me imobiliza, e a voz dele não mais me petrifica.[36]

---

[36] Frantz Fanon, "Concerning Violence", em *The Wretched of the Earth* (trad. Constance Farrington, Nova York, Grove, 1963), p. 44 [ed. bras.: "Da violência", em *Os condenados da terra*, trad. José Laurênio de Melo, Rio de Janeiro, Civilização Brasileira, 1968].

Esse é um momento em que o fantasma racial se desfaz e a afirmação da igualdade abala o mundo, revelando um potencial de invenção de mundo.

Tentamos investigar, em termos gerais, a forma como um regime legal atribui a violência àqueles que buscam expor e desmantelar seu racismo estrutural. Certamente é um choque quando a reivindicação de igualdade é chamada de ato "violento" ou quando a mesma condenação é dirigida à reivindicação de políticas de autodeterminação ou de uma vida sem censura e ameaças à segurança.

Como tal atribuição e projeção podem ser expressas, criticadas e derrotadas? Para isso, consideremos as inversões conceituais animadas pela fantasia que sustenta o aumento da violência de Estado. Na Turquia, pessoas que assinaram uma petição pela paz são acusadas de terrorismo. E, na Palestina, as que buscam uma forma de governo que garanta a igualdade e a autodeterminação política para todos são frequentemente acusadas de destrutividade violenta. Essas alegações têm o objetivo de paralisar e enfraquecer quem defende a não violência, distorcendo a posição contrária à guerra como se, desde o princípio, fosse apenas uma posição *em* uma guerra.

Quando isso acontece (e, sim, acontece), a crítica à guerra é interpretada como subterfúgio, agressão, hostilidade dissimulada. Crítica, divergência e desobediência civil são explanadas como ataques à nação, ao Estado, à própria humanidade. Essa acusação emerge de um quadro referencial de uma suposta guerra, na qual não se pode imaginar uma posição fora desse quadro. Em outras palavras, todas as posições, ainda que se manifestem como não violentas, são consideradas formas modificadas de violência. Assim, embora eu me refira a práticas que são "manifestamente" não violentas, está claro que apenas certas práticas podem se manifestar como não violentas dentro de uma episteme regida por uma lógica paranoica e invertida. Quando a própria crítica da guerra ou o apelo em favor do fim da desigualdade social e econômica são considerados formas de se fazer guerra, é fácil cair na desesperança e concluir que todas as palavras podem ser distorcidas, e todos os significados, esvaziados. Não acredito que seja essa a conclusão.

Diante do niilismo iminente, é necessário ter paciência crítica para expor as formas de fantasmagoria segundo as quais uma pessoa está "atacando" quando não está, ou, na verdade, está sendo atacada. Essa inversão é representada pela visão, ou pela política, que considera que a imigração do Oriente Médio ou do Norte da África vai destruir a Europa e a humanidade, e, por isso, esses imigrantes devem ser rejeitados, abandonados ou, se necessário, deixados à morte. Essa lógica assassina predomina entre reacionários e fascistas.

Um fantasma toma o lugar de quem está falando e agindo naquele momento, de quem parece estar falando e agindo. Esse fantasma personifica a agressão dos que temem a violência potencial dos outros, empregam e enfrentam a destrutividade nessas figuras externalizadas: eis a consumação letal da destrutividade plenamente externalizada. Essa forma de agressão defensiva está muito longe da percepção de que uma vida não é separável de outra, não importa quantos muros forem construídos entre elas. E mesmo os muros tendem a unir quem eles separam, em geral em uma forma deplorável de laço social.

Com essa última perspectiva em mente, podemos voltar a abordar a igualdade e a convivência em novos termos, partindo do pressuposto de que todas as vidas são igualmente enlutáveis e tentando entender como esse pressuposto é importante tanto para a vida como para a morte. Pois a vida potencialmente enlutável é aquela que merece um futuro, um futuro cuja forma não pode ser prevista nem prescrita com antecedência. Salvaguardar o futuro de uma vida não é impor a forma que essa vida assumirá, o caminho que ela seguirá: é uma maneira de manter em aberto as formas contingentes e imprevisíveis que as vidas podem assumir. Considerar essa salvaguarda uma obrigação afirmativa é muito diferente de preservar a si mesmo, ou a comunidade, à custa de outros cuja diferença é constantemente representada como uma ameaça. Quando os imigrantes, por exemplo, são representados como prenúncio de destruição, como simples mensageiros da destruição, conspurcando a identidade racial e nacional, as ações que os impedem ou detêm indefinidamente, que os jogam de volta ao mar, que se negam a responder aos pedidos de socorro quando as embarcações improvisadas se desintegram e a morte é iminente, todas essas ações são justificadas, com raiva e por vingança, como "autodefesa" da comunidade local, tácita ou manifestamente definida pelo privilégio racial. Nessa forma de destrutividade moralmente autorizada, constata-se que a destruição emana de uma noção tóxica e insuflada de autodefesa, cujas práticas de renomeação têm como efeito a justificação de sua própria violência. Então essa violência é transferida, encoberta e autorizada por essa moralidade racista que atua, sem distinção, em defesa da raça e do racismo.

Talvez estejamos descrevendo os mecanismos psíquicos que povoam o universo humano, e nossa oposição à violência seja um esforço inútil para mudar o potencial destrutivo que se encontra na psique humana ou nos relacionamentos que a definem. Às vezes a resposta a uma crítica política da violência assume a forma do argumento segundo o qual a destrutividade humana nunca pode ser totalmente superada, pois pertence às comunidades humanas como uma pulsão, uma pulsação ou uma potência que intensifica e rompe os laços sociais tal como os conhecemos. Essa certamente era a visão de Hobbes, e Balibar apresentou uma revisão contemporânea ainda mais incisiva. Se a destrutividade é uma pulsão ou uma característica das relações sociais, essa é uma questão para a qual ainda não temos resposta. E mesmo que admitamos a possibilidade geral ou a tendência de destrutividade, isso prejudica ou fortalece a crítica política da violência? Para enfrentar esses dois problemas, teríamos de nos perguntar: o que a destrutividade significa para a teoria social e a filosofia política? Ela é um subproduto da interdependência ou parte da polaridade de amor e ódio que caracteriza as relações humanas, parte daquilo que ameaça as comunidades humanas ou as torna coesas?

A reconsideração dos laços sociais, entendidos como baseados em formas corporificadas de interdependência, oferece um quadro de referência que nos permite conceber uma versão da igualdade social que independe da reprodução do individualismo. O indivíduo não é substituído pelo coletivo, mas formado e carregado de laços sociais que se definem por sua necessidade e sua ambivalência. Nesse contexto, referir-se à igualdade do direito ao luto não é estabelecer uma métrica do direito ao luto que seria aplicada aos indivíduos, e sim interessar-se pelos fantasmas raciais que moldam as ideias públicas sobre quais vidas que merecem um futuro em aberto e quais vidas são enlutáveis. A desconstrução dessa esfera fantasmática na qual as vidas são diferencialmente valorizadas exige uma reafirmação da vida; uma reafirmação que seja distinta da posição "pró-vida". De fato, a esquerda não deveria sacrificar o discurso da vida a oponentes reacionários. Afirmar a igualdade é afirmar a convivência – definida em parte pela interdependência que elimina as fronteiras individuais do corpo ou aproveita essas fronteiras por seu potencial social e político.

Essa afirmação da vida não serve apenas para minha vida, embora certamente a inclua: ela seria muito diferente da autopreservação conquistada à custa de outras vidas, corroborada por figuras de agressão que projetam o potencial destrutivo de todos os laços sociais de maneira que rompam o próprio laço social. Mesmo que nenhum de nós esteja livre da capacidade de destruir, ou justamente porque nenhum de nós está livre dela, essa reflexão ética e política converge para a tarefa da não violência. É precisamente porque podemos destruir que temos a obrigação de saber por que não devemos destruir e evocar os contrapoderes que freiam essa capacidade de destruição. A não violência se torna uma obrigação ética à qual estamos ligados precisamente porque estamos ligados uns aos outros. Essa pode bem ser uma obrigação contra a qual nos revoltamos, na qual se revelam os ambivalentes vaivéns da psique, mas a obrigação de preservar o laço social pode ser resolvida sem que essa ambivalência se resolva. A obrigação de não destruir uns aos outros emerge da forma contrariada de nossa vida e a reflete, levando-nos a reconsiderar se a autopreservação não está ligada à preservação da vida dos outros. O eu da autopreservação é definido, em parte, por esse vínculo, por esse laço social difícil e necessário. Se a autopreservação fosse o terreno da violência, se fosse cultuada como a exceção dos princípios da não violência, quem seria esse "eu" que só preserva a si mesmo e aos que já pertencem ao regime? Esse eu pertence somente a si mesmo ou àqueles que aumentam o sentido de si mesmo e, por isso, permanece sem mundo, ameaçando este mundo.

4

Filosofia política em Freud: guerra, destruição, mania e capacidade crítica

> "Temo estar abusando de seu interesse, que, afinal, diz respeito à prevenção da guerra, não a nossas teorias. No entanto, gostaria de me deter um instante em nossa pulsão destrutiva, cuja popularidade não se iguala, de forma alguma, a sua importância."
>
> Sigmund Freud em carta a Albert Einstein, 1932

Em "Considerações atuais sobre a guerra e a morte", escrito em 1915, em plena guerra mundial, Sigmund Freud refletiu sobre os laços que mantêm a coesão de uma comunidade, bem como os poderes destrutivos que podem romper esses laços[1]. Na época em que desenvolveu o conceito de "pulsão de morte", primeiro em 1920[2] e, mais plenamente, na década seguinte, Freud estava cada vez mais preocupado com as capacidades destrutivas dos seres humanos. O que denominou "sadismo", "agressão" e "destrutividade" acabou sendo a representação primária da pulsão de morte, a qual recebeu uma formulação mais madura em

---

[1] Sigmund Freud, *The Standard Edition of the Complete Psychological Works of Sigmund Freud* (trad. James Strachey, Londres, Hogarth, 1915), v. 14, p. 273-300 [ed. bras.: "Considerações atuais sobre a guerra e a morte", em *Introdução ao narcisismo, ensaios de metapsicologia e outros textos (1914-1916)*, trad. Paulo César de Souza, São Paulo, Companhia das Letras, 2010].

[2] Idem, "Beyond the Pleasure Principle", em *The Standard Edition*, cit., v. 18 [ed. bras.: *História de uma neurose infantil ("O homem dos lobos"), além do princípio do prazer e outros textos (1917-1920)*, trad. Paulo César de Souza, São Paulo, Companhia das Letras, 2010].

O mal-estar na civilização (1930)[3]. O que chamou de a "parte inconquistável da natureza humana" em *Além do princípio do prazer*, dez anos antes, assume uma nova forma à medida que Freud desenvolve uma metafísica dualista, contrapondo Eros, a força que cria laços humanos cada vez mais complexos, e Tânato, a força que os rompe. Uma forma política duradoura presume que os laços sociais são relativamente estáveis; então como a política lida com a força destrutiva descrita por Freud?

Suas reflexões sobre a Primeira Guerra Mundial levaram a sucessivos entendimentos sobre a destrutividade. Em 1915, Freud ainda não havia introduzido a noção de pulsão de morte – da qual um dos principais objetivos seria a deterioração dos laços sociais –, mas registrara uma impressão de destrutividade humana avassaladora e inédita em sua época.

> A guerra na qual nos recusamos a acreditar estourou e trouxe a desilusão. Não apenas é mais sangrenta e mais devastadora que qualquer guerra do passado, pelo enorme e crescente aperfeiçoamento das armas de ataque e defesa, como é ao menos tão cruel, tão amarga e tão implacável quanto qualquer uma que a precedeu. Ela ignora todas as restrições conhecidas como direito internacional que, em tempos de paz, os Estados se comprometeram a observar; ignora as prerrogativas de feridos e profissionais médicos, a distinção entre a parte civil e a parte militar da população, e os direitos de propriedade privada. Derruba, com uma fúria cega, tudo o que se apresenta em seu caminho, como se não houvesse futuro e paz entre os homens depois que terminar. Destrói todos os laços comunitários entre os povos em conflito e ameaça deixar um legado de amargura que tornará impossível a renovação desses laços por um longo tempo.[4]

As observações de Freud são dignas de nota por muitos motivos, mas o principal é a percepção de uma mudança na história da destrutividade: a destrutividade nunca havia sido conhecida dessa maneira até então. Embora o desenvolvimento de novas armas tenha tornado a destruição maior que em guerras anteriores, o nível de crueldade, para Freud, parece o mesmo, sugerindo que o problema não é que os seres humanos se tornaram mais cruéis, mas que a tecnologia permitiu que a crueldade produzisse mais destruição que antes. Uma guerra sem tais armas causaria menos destruição, mas não envolveria menos

---

[3] Idem, "Civilization and Its Discontents", em *The Standard Edition*, cit., v. 21.

[4] Idem, "Thoughts for the Times on War and Death", em *The Standard Edition*, cit., v. 14.

crueldade. Portanto, se nossa tentação é dizer que a crueldade em si aumenta com a tecnologia, Freud parece resistir a essa visão: a destruição adquire formas novas e historicamente variáveis, mas a crueldade permanece a mesma. Assim, por si só, a crueldade humana não explica toda a destrutividade – a tecnologia também tem sua contribuição. Mas a capacidade distintamente humana para a destrutividade decorre da constituição psíquica ambivalente do sujeito humano. Assim sendo, a questão do que se pode fazer para controlar essa destrutividade envolve ambivalência e tecnologia, em especial no contexto de guerra.

Embora seja comum pressupor que a guerra é uma atividade específica das nações, a ira cega que a motiva destrói os mesmos laços sociais que tornam possíveis as nações. Isso pode, evidentemente, intensificar o nacionalismo de um país, produzindo uma coerência provisória fortalecida pela guerra e pela inimizade, mas também corrói as relações sociais que tornam possível a política. O poder de destruição liberado pela guerra rompe os laços sociais e produz raiva, vingança e desconfiança ("amargura"), de modo que não fica claro se a reparação é possível; isso mina não só relações construídas no passado, mas também a possibilidade futura de coexistência pacífica. Embora Freud esteja claramente refletindo sobre a Primeira Guerra Mundial, ele também faz afirmações sobre a guerra em geral: a guerra "derruba [...] tudo o que se apresenta em seu caminho". Aqui, sugere que derrubar as barreiras que mantêm as inibições de pé é, na verdade, um dos objetivos da guerra: os soldados devem ter licença para matar. Quaisquer que sejam os objetivos estratégicos ou políticos de uma guerra, eles são frágeis em comparação com os objetivos de destruição. O que a guerra devasta primeiro são as próprias restrições impostas à licença para destruir. Se podemos falar acertadamente de um "objetivo" não declarado da guerra, não é alterar um cenário político ou estabelecer uma nova ordem política, mas destruir a base social da própria política. Obviamente, tal afirmação pode parecer exagerada, se acreditamos, por exemplo, em guerras justas – guerras contra regimes fascistas ou genocidas, em nome da democracia. Ainda assim, o objetivo explícito da guerra e a destrutividade desencadeada por ela nunca são exatamente os mesmos. Até a chamada "guerra justa" corre o risco de levar a uma destrutividade que excede seus objetivos declarados, sua intenção consciente.

Na verdade, quaisquer que sejam os objetivos públicos e declarados da guerra, outro objetivo está sempre em ação, aquele a que Freud se refere no texto como "fúria cega". Além disso, essa fúria, que motiva e até une um povo ou uma nação em guerra, também separa um povo e uma nação,

atuando contra quaisquer objetivos intencionais de preservação ou enalteci-
mento próprios. Esse tipo de ira tem como objetivo, acima de tudo, superar
as inibições e as restrições impostas à própria destruição, ao rompimento dos
laços sociais – entendidos, em parte, como freios contra a destruição. Em
favor de maior destrutividade, a ira também busca reproduzir a destruição no
futuro próximo, que pode acabar sendo um futuro destrutivo ou um modo
de destruir o futuro em si. É a partir de objetivos de guerra declarados como
locais e provisórios que esse outro objetivo, ou melhor, essa "pulsão" pode se
consolidar, tornando-se uma destrutividade sem limite. Da mesma maneira
que um grupo ou uma nação pode alcançar uma coesão temporária na guerra,
unindo-se em torno de objetivos explícitos para defender o país ou destruir
o inimigo, pode se formar – ou predominar – algo nessa união que excede
qualquer um desses objetivos reconhecidos explicitamente e rompe não só os
laços sociais dos grupos que são alvo da guerra, como também os dos grupos
que declaram a guerra. A ideia de "fúria cega" que Freud empresta da tragédia grega prenuncia o que somente cinco anos depois ele viria a chamar de
"pulsão de morte". Já em 1915, o que o preocupava era o poder que a pulsão
de morte adquire quando é amplificada com tecnologia destrutiva para causar destruição em todo o mundo e acabar com os mesmos laços sociais que
podem manter a destrutividade sob controle. Em 1930, Freud se preocuparia
mais explicitamente com a possibilidade de genocídio, como fica claro em *O
mal-estar na civilização*, obra em que ele diz:

> A questão fatídica, para mim, parece ser se e em que medida o desenvolvimento
> cultural conseguirá dominar o descontrole da vida comunitária pelos instintos
> (*Trieb*) humanos de agressão e autodestruição (*Agressions und Selbstvernich-
> tungstrieb*). Talvez, precisamente em relação a isso, o momento presente mereça
> um interesse especial. Os homens conquistaram a tal ponto o controle das forças
> da natureza que, com a ajuda dele, não terão dificuldade em exterminar uns aos
> outros até o último homem.[5]

Na edição de 1931, Freud acrescentou uma linha a esse parágrafo, apelando
para "o eterno Eros [...] afirmar-se na luta contra seu adversário igualmente
imortal", observando que ninguém pode prever quão bem-sucedido esse esforço
seria. Freud estava claramente buscando uma possibilidade de contra-atacar a

---

[5] Idem, "Civilization and Its Discontents", cit., p. 145.

terrível destrutividade que viu na Primeira Guerra Mundial e percebia ameaçar de novo a Europa dos anos 1930 em proporções ainda maiores. Ele não recorre à história nem a exemplos empíricos para compreender a destrutividade, mas àquilo que chama de "pulsões" – um movimento que, na melhor das hipóteses, parece especulativo. Então por que considerar a existência das pulsões? Para Freud, as razões conscientes que os grupos dão a si mesmos para agir e as motivações subjacentes que orientam essa ação não são as mesmas. Consequentemente, a reflexão sobre a melhor maneira de evitar a destruição tem de fazer mais que oferecer um argumento aceitável para o pensamento racional – de um modo ou de outro, ela tem de satisfazer a pulsão ou encontrar uma forma de operar com e contra a destrutividade impulsora que leva à guerra.

Uma posição cética em relação à teoria da pulsão resulta em uma tradução equivocada do "*Trieb*" de Freud por "instinto". Embora ambos os termos, *Instinkt* e *Trieb*, sejam usados em sua obra, o segundo aparece com mais frequência, e pulsão de morte (*Todestrieb*) nunca é "instinto de morte". A tradução de James Strachey para o inglês das *Obras completas* traduz sistematicamente os dois termos por "instinto", dando lugar a uma compreensão biologista do termo na literatura anglófona e, em alguns casos, a uma visão de que as pulsões, em Freud, derivam de uma forma de determinismo biológico. Freud deixa claro em um ensaio intitulado "Instincts and their Vicissitudes" ("Triebe und Triebschicksale", melhor traduzido por "As pulsões e seus destinos") que a pulsão (*Trieb*, no sentido de "impulsionar") não pertence ao reino da biologia nem a uma esfera psíquica autônoma; ao contrário, ela funciona como um conceito-limite (*ein Grenzbegriff*) entre as esferas somática e ideacional[6].

Até 1920, Freud sustentava que a vida psíquica era governada pelo prazer, pela sexualidade ou pela libido, e foi apenas quando se deparou com formas de neurose de guerra que começou a considerar que certos sintomas, caracterizados por uma repetição compulsiva, não podiam ser explicados pela realização de um desejo ou por um impulso no sentido da gratificação. Assim, no início da guerra, Freud começou a formular a ideia de pulsão de morte, também motivado por sua reflexão sobre as formas de destrutividade, em especial aquelas de

---

[6] Idem, "Instincts and Their Vicissitudes", em *The Standard Edition*, cit., v. 14, p. 121-2 [ed. bras.: "Os instintos e seus destinos", em *Introdução ao narcisismo*, cit.]: "Um 'instinto' nos aparece como um conceito na fronteira entre o mental e o somático". Em alemão: "*So erscheint uns der 'Trieb' als ein Grenzbegriff zwischen Seelischem und Somatischem*". Sigmund Freud, *Psychologie des Unbewussten* (Frankfurt am Main, Fischer, 1982), p. 85.

caráter repetitivo (as quais chamou mais tarde, em *O mal-estar na civilização*, de agressividade "não erótica")[7]. Foi na primeira formulação da pulsão de morte, em *Além do princípio do prazer*, que Freud buscou uma explicação para as formas de comportamento repetitivo que pareciam não servir a nenhum desejo. Ele havia encontrado pacientes que sofriam de neurose de guerra e reviviam cenas traumáticas de perda e violência de maneira que não se assemelhava claramente às formas de repetição explicadas pelo princípio do prazer. Não só não havia satisfação aparente associada ao sofrimento repetitivo, como o estado do paciente se deteriorava progressivamente, a ponto de colocar em risco a base orgânica de sua vida. Nessa altura, Freud desenvolveu a primeira versão da pulsão de morte, segundo a qual o organismo busca retornar a seu estado inorgânico primário, um estado livre de qualquer excitação. De fato, todo organismo humano busca retornar a essa origem, de modo que a trajetória de qualquer vida nada mais é que "uma estrada tortuosa rumo à morte"[8]. Por mais que algo nos seres humanos tente realizar desejos e preservar a vida orgânica, também há neles algo que opera ao largo da realização desse desejo e tenta negar as condições orgânicas da vida – pertença essa vida a mim, a outrem ou ao ambiente vital em sua complexidade dinâmica.

Que diferença faz o fato de Freud propor outra tendência na psique humana que tente reconduzir esta última a um tempo anterior ao da vida individuada do organismo humano? Suas reflexões sobre a destrutividade se concentram na possibilidade de destruição de outras vidas, em especial em situações de guerra, quando a tecnologia das armas amplifica os poderes da destrutividade humana. As pessoas que sofriam de neuroses de guerra viviam as consequências psíquicas do acontecimento, mas também deram a oportunidade de Freud analisar como a destruição funciona não apenas contra os outros, mas contra o próprio indivíduo. A neurose de guerra dá continuidade ao sofrimento vivido nessas situações bélicas sob a forma de sintomas traumáticos caracterizados por uma repetição implacável: o indivíduo é bombardeado, atacado, sitiado – metáforas de guerra que se prolongam no cenário pós-traumático. Isso é identificado por Freud como o caráter repetitivo da destruição. No paciente, resulta em isolamento social e, mais amplamente, não apenas enfraquece os laços sociais que mantêm a união da sociedade, mas também pode assumir a forma de uma autodestruição capaz de levar ao suicídio. Nessa forma de destruição, a libido

---

[7] Idem, "Civilization and Its Discontents", cit., p. 120.

[8] Idem, "Beyond the Pleasure Principle", cit., p. 38.

ou a sexualidade têm papel reduzido ou efêmero, e os laços sociais – sem os quais a vida política é impossível – são estraçalhados.

Quase no fim de *Além do princípio do prazer*, Freud não só afirma que todo organismo humano busca, em algum sentido, a própria morte, mas também que essa tendência não pode ser deduzida das pulsões sexuais. A prova da pulsão de morte, segundo ele, pode ser encontrada no sadismo sexual e, mais em geral, no fenômeno do sadomasoquismo[9]. Embora a sexualização da pulsão de morte possa subordinar sua destrutividade ao que Freud considera os objetivos não destrutivos da sexualidade, a pulsão de morte pode vir a predominar – situação ilustrada claramente pela violência sexual. Tanto a autodestruição como a destruição de outrem se encontram potencialmente em ação no sadomasoquismo, o que sugere a Freud que uma pulsão separada da pulsão sexual pode operar através dela. Fugaz e oportunista, a pulsão de morte se apodera do desejo sexual sem se dar a conhecer de forma explícita ou apropriada. Uma relação sexual que começa com o desejo de união é interrompida por uma miríade de formas de autodestruição que manifestamente parecem contrariar os objetivos dos amantes. O caráter desconcertante dos atos que são claramente autodestrutivos, ou destroem os laços que se quer preservar, não é mais que uma forma comum de destruição pela qual a pulsão de morte se dá a conhecer na vida sexual.

Em *O mal-estar na civilização*, Freud apresenta o sadismo mais uma vez como "representante" da pulsão de morte, mas, em sua obra tardia, ele relaciona a pulsão de morte mais explicitamente aos conceitos de agressão e destrutividade. Essa pode ser entendida como a segunda versão, ou a versão tardia, da pulsão de morte. A agressão não é mais compreendida como atuante apenas no contexto do sadomasoquismo, pois, como observa Freud, "não podemos mais ignorar a onipresença da agressividade e da destrutividade não eróticas"[10]. Freud registra a escalada da beligerância e do nacionalismo em toda a Europa, bem como o fortalecimento do antissemitismo. Essas formas de agressão não se relacionam com o prazer ou com as satisfações ligadas ao prazer. "Esse instinto [pulsão] agressivo é a derivação e o principal representante do instinto [pulsão]

---

[9]   Ao teorizar o sadomasoquismo, Freud tenta explicar o fenômeno recorrendo à teoria da libido, em "Os instintos e seus destinos" (1915), mas depois revisa sua teoria à luz da pulsão de morte em *Além do princípio do prazer* (1920) e, mais tarde, em "The Economic Problem of Masochism" (*The Standard Edition*, cit., v. 19) [ed. bras.: "O problema econômico do masoquismo", em *O eu e o id, "autobiografia" e outros textos (1923-1925)*, trad. Paulo César de Souza, São Paulo, Companhia das Letras, 2011].

[10]   Sigmund Freud, "Civilization and Its Discontents", cit., p. 120.

de morte, que encontramos ao lado de Eros e que com ele compartilha o controle do mundo"[11]. Ainda que "Eros" e "Tânato" não ocorram isolados um do outro, ambos têm objetivos contrários: Eros tenta combinar ou sintetizar unidades separadas da sociedade, unindo indivíduos em grupos, mas também unindo grupos a serviço de formas sociais e políticas mais amplas; por sua vez, Tânato faz essas mesmas unidades se separarem umas das outras e cada unidade se separar de si mesma. Assim, na própria ação que tenta estabelecer e construir um laço social, existe uma tendência contrária que tenta rompê-lo: amo você, odeio você; não posso viver sem você, vou morrer se continuar a viver com você.

Freud tem duas maneiras diferentes de abordar esse problema em relação ao amor. Por um lado, ao longo de toda a sua obra, ele insiste na ambivalência constitutiva de todas as relações de amor. Isso fica claro no capítulo sobre "ambivalência emocional" de *Totem e tabu*[12], mas também em *Luto e melancolia*, em que a perda do ser amado se associa à agressão[13]. Nesse modelo, o próprio amor é ambivalente[14]. Por outro lado, "amor", outra designação de "Eros", nomeia somente um polo da ambivalência emocional. Há amor e há ódio. Portanto, ou o amor nomeia a constelação ambivalente de amor e ódio, ou não é mais que um dos polos dessa estrutura bipolar. A própria posição de Freud parece ser ambivalente, talvez produzindo retoricamente mais provas de sua afirmação. De fato, essa formulação paradoxal nunca se resolve totalmente em sua obra, sendo fecunda do início ao fim. Sintomaticamente aparece em seus trabalhos tardios: o amor é o que une uma pessoa a outra, mas, em virtude de sua ambivalência inerente, contém o potencial de destruição dos laços sociais. Ou, em todo caso, se não é o amor que destrói os laços sociais, existe uma força destrutiva que ama ou se liga ao amor – a força que impele as criaturas humanas à destruição e à autodestruição, inclusive à destruição daquilo que elas mais amam.

O fato de a visão de Freud ser inconstante, nunca definindo se afinal o amor contém ou se opõe a essa destrutividade, indica um problema que

---

[11] Ibidem, p. 122.

[12] Idem, "Totem and Taboo", em *The Standard Edition*, cit., v. 14 [ed. bras.: "Totem e tabu", em *Totem e tabu, contribuição à história do movimento psicanalítico e outros textos (1912--1914)*, trad. Paulo César de Souza, São Paulo, Companhia das Letras, 2012].

[13] Idem, "Mourning and Melancholia", em *The Standard Edition*, cit., v. 14, p. 248-52 [ed. bras.: "Luto e melancolia", em *Introdução ao narcisismo*, cit.].

[14] Ibidem, p. 250.

perdura enquanto ele tenta refletir não apenas sobre as relações íntimas do amor, mas também sobre a psicologia das massas e seu potencial destrutivo. A capacidade destrutiva se encontra nos laços que mantêm os grupos unidos (como uma espécie de vínculo destrutivo) ou, ao contrário, é um poder que "rompe todos os laços comunitários" (como um ímpeto antissocial que dilacera as relações sociais)?

O que, no interior da psique, se contrapõe a essa ruptura dos laços sociais? Na visão de Freud, os grupos podem tanto destruir seus próprios laços internos como dirigir sua destrutividade a outros grupos; ele teme, porém, que essas duas formas de destrutividade sejam auxiliadas por uma inibição da capacidade crítica. Assim, a tarefa que se apresenta a Freud, em seus escritos sobre a psicologia de grupo, é fortalecer o poder dessa capacidade crítica de inibir. Ora o amor é identificado como a força contrária à destruição, ora parece que o mais importante é essa "capacidade crítica". Em *Psicologia das massas e análise do eu* (1921), a "capacidade crítica" descreve várias formas de deliberação e reflexão; no entanto, em *O ego e o id* (1922), essa capacidade crítica é associada ao "superego", uma forma de crueldade desencadeada contra o ego. Posteriormente, o superego será identificado como "pura cultura da pulsão de morte", quando a maneira de contra-atacar a destruição são formas deliberadas de autocontrole, ou seja, dirigir a destrutividade contra o próprio impulso destrutivo. O autocontrole é, portanto, uma forma de destrutividade deliberada e reflexiva, dirigida contra a exteriorização de objetivos destrutivos[15]. Em outras palavras, o controle da liberação do impulso destrutivo – que na iteração anterior poderia ser descrito como "inibição" – é definido como um mecanismo psíquico com inclinação à crueldade, depois que Freud apresenta o superego. A tarefa do superego é dirigir esse poder destrutivo contra os próprios impulsos destrutivos. O problema dessa solução, obviamente, é que um funcionamento descontrolado do superego pode levar ao suicídio, transformando a destruição do outro em destruição do eu. Por um lado, a "capacidade crítica" parece atenta às consequências do ato, monitorando as formas de expressão e ação para evitar consequências prejudiciais. Por outro, como expressão da pulsão de morte, seu objetivo é potencialmente destrutivo para o próprio ego. Uma forma moderada de autocontrole pode resultar numa recriminação suicida, mas apenas se a pulsão de morte em si permanecer sem controle. Paradoxalmente,

---

[15] Idem, "The Ego and the Id", em *The Standard Edition*, cit., v. 19, p. 53 [ed. bras.: *O eu e o id*, cit.].

isso significa que a agência crítica na qual se confia para controlar o impulso destrutivo pode se tornar um instrumento interiorizado de impulso destrutivo, colocando em risco a vida do próprio ego. Assim, as tendências de autopreservação de Eros têm de ser aplicadas contra a pulsão de morte como um freio ao seu funcionamento destrutivo. Se o superego trabalha para a destruição do ego visando a inibir a expressão destrutiva deste último, ele ainda trafega na destruição, mas o objeto em perigo não é mais o outro ou o mundo, e sim o próprio ego. Com isso, a capacidade crítica tem uma utilidade limitada no controle da destruição, já que não pode controlar a destruição que realiza através de sua forma como superego. Para isso, é necessária uma força contrária, uma força que busque a autopreservação e, de forma mais geral, a preservação da vida. Devemos chamar essa força de amor ou de mania? Ela envolve desidentificação ou adoção de uma posição neurótica que estabeleça uma distância crítica em relação às satisfações sádicas que permeiam a sociedade?

Em *Psicologia das massas e análise do eu*, escrito cerca de um ano depois do desenvolvimento da teoria do superego, Freud pergunta: por qual mecanismo se dá a desinibição da crueldade? Como explicamos seu funcionamento? Quando dizemos que uma "onda de sentimento" atravessa uma massa, o que queremos dizer? Ou, quando certos tipos de paixão que normalmente permanecem velados são "liberados" na massa, como explicamos essa expressão? Será que "liberação" significa que sempre houve o desejo, ele apenas estava sob controle? Ou a "liberação" é sempre estruturada e molda o desejo e a ira à medida que eles surgem? Se dizemos que uma autoridade eleita liberou uma nova onda de misoginia, ou permitiu o racismo generalizado, que tipo de agência atribuímos a ele? O racismo já existia ou a autoridade eleita o fez existir? Ou estava presente sob certas formas e o discurso e a ação da autoridade eleita lhe deu novas formas? Em qualquer um dos casos, o impulso é estruturado pelo poder por meio do qual ele também é "reprimido" (e o designa e conforma de alguma maneira) ou pelo poder por meio do qual ele é "liberado" (e que o dota de um sentido específico em relação à repressão anterior). Se simplesmente aceitamos um modelo hidráulico – aquele que sustenta que uma quantidade de "energia" é liberada quando a inibição é suspensa –, então o impulso seria o mesmo, quer se manifestasse, quer fosse inibido. Mas se o meio pelo qual a inibição foi imposta é importante e se esse meio molda o conteúdo do reprimido, então a emergência do impulso inibido não afasta simplesmente a força inibidora; ao contrário, ele lança um ataque orquestrado a essa forma de poder, desmascarando seus motivos, sua legitimidade, suas pretensões. Assim, o impulso que emerge é retrabalhado por interpretações, e, portanto, não há energia bruta ou não mediada a submeter aos mecanismos de proibição ou permissão. Esse impulso contestou ativamente as afirmações morais e políticas que moldaram e sustentaram a inibição; trabalhou de modo persistente contra a capacidade crítica – não apenas contra os julgamentos morais e as avaliações políticas, mas também contra o caráter geral do pensamento reflexivo que torna ambos possíveis. O impulso visa a dispersar e anular a autolimitação moral, que é, em si, a base do que Freud chamará de "superego". Pode parecer que, contra tal desafio ao superego, a tarefa é fortalecer as restrições morais, especialmente aquelas que o ego impõe a si mesmo. Contudo, quando fica claro que o superego é, ele próprio, uma força potencial de destruição, o problema se torna mais complexo.

Freud apresenta o problema da seguinte maneira:

> O superego excessivamente forte, que obteve o controle da consciência, volta-se contra o ego com uma violência implacável, como se tivesse se apossado de todo o sadismo existente na pessoa [...]. O que impera no superego é, por assim dizer, uma pura cultura da pulsão de morte que, de fato, muitas vezes consegue conduzir o ego à morte.[16]

O que controla a violência impiedosa de uma parte do ego contra outra? Freud termina a frase alegando que uma forma de impedir a autodestruição é que o ego "se proteja de seu tirano transformando-se em mania".

Aqui Freud faz referência a "Luto e melancolia" (1917), obra em que tenta distinguir entre "luto", que implica o reconhecimento cauteloso da realidade da perda de uma pessoa ou ideal, e "melancolia", que é a incapacidade de reconhecer a realidade da perda. Na melancolia, o outro perdido é interiorizado (isto é, incorporado) como uma característica do ego, e uma forma acentuada de autorrecriminação reencena e inverte, em certo nível psíquico, a relação do ego com o outro perdido. A recriminação contra a pessoa ou ideal perdido se "volta" contra o próprio ego; dessa maneira, a relação é preservada como uma relação intrapsíquica viva[17]. Ainda nesse ensaio, Freud deixa claro que a hostilidade liberada contra o ego é potencialmente fatal. O cenário da

---

[16] Ibidem, tradução modificada.
[17] Ibidem, "Mourning and Melancholia", cit., p. 251.

autorrecriminação melancólica se torna, portanto, modelo de uma topografia posterior do superego e do ego.

A melancolia é composta de duas tendências opostas: a primeira é a autorrecriminação, que se torna distintiva da "consciência"; a segunda é a "mania", que busca romper o laço com o objeto perdido, renunciando ativamente ao objeto que se foi[18]. As acusações "maníacas" e enérgicas do objeto, os esforços veementes do ego para romper o vínculo com o objeto ou ideal perdido implicam o desejo de sobreviver à perda e não que a própria vida seja reivindicada pela perda. A mania é, por assim dizer, o protesto do organismo vivo contra a perspectiva de ser destruído por um superego descontrolado. Assim, se o superego é a continuação da pulsão de morte, a mania é o protesto contra a ação destrutiva contra o mundo e contra si mesmo. A mania pergunta: "Existe algum caminho para sair desse círculo vicioso em que a destrutividade é contra-atacada pela autodestrutividade?".

Muitas vezes, o caminho vai da melancolia ao superego, mas a tendência contrária, isto é, a mania, pode dar pistas de um tipo diferente de resistência contra a destruição. A força maníaca que tenta derrubar o tirano é, de certa maneira, um poder do organismo de romper o que foi considerado o sustentáculo dos laços de identificação. O organismo já é um conceito-limite em que o somático e o psíquico se encontram, portanto não se trata de um surto puramente naturalista de vida rebelde. A *desidentificação* se torna uma maneira de contrariar os poderes de autodestruição e garantir a existência do próprio organismo. Na medida em que rompe laços, desidentifica-se com o tirano e com a submissão que a tirania exige, a mania assume uma função crítica – lutar e tentar resolver uma crise, distanciando-se de uma forma de poder que ameaça a vida do organismo. Na visão de Freud, o superego é uma instituição psíquica, mas, como tal, também possui uma forma social; assim, a tirania se baseia na sujeição psíquica, ao mesmo tempo que o superego absorve formas de poder social como a tirania. O esforço da função crítica é romper os laços que asseguraram a própria destruição do indivíduo, sem reproduzir necessariamente a forma social de destrutividade da qual o indivíduo tenta se libertar. A crítica ao tirano, portanto, é ou pode ser um exercício de capacidade crítica dirigido contra o superego, sem que sua versão potencialmente letal de "crítica" seja reproduzida.

---

[18] Ibidem, p. 253-5.

A mania se revela como a única esperança contra os objetivos suicidas e assassinos do superego descontrolado que, liberado, poderia julgar o ego até a morte, uma vez que somente com esse poder é possível romper com o tirano, e com a lógica do tirano que se tornou a estrutura da subjetivação.

Certamente não quero defender a mania, mas apenas insistir em que ela de fato oferece uma chave para compreendermos aquelas formas "irrealistas" de solidariedade insurrecional que se voltam contra os governos tirânicos e autoritários. Afinal, o tirano é um antropomorfismo sustentado por redes de poder, e, portanto, sua derrubada é maníaca, solidarista e progressiva. E quando o chefe de Estado é uma criança tirânica que ataca em todas as direções, e a mídia segue cada um de seus movimentos com profunda atenção, abre-se um grande espaço para aqueles que poderiam construir redes de solidariedade, que poderiam "libertar-se" do fascínio pelos modos estratégicos do tirano de perder o controle. Na medida em que aqueles que seguem o tirano louco identificam-se com seu desprezo deliberado pela lei e por qualquer limite imposto a seu poder e sua capacidade destrutiva, o movimento contrário deve se basear na desidentificação[19]. Essas formas de solidariedade não se baseiam na identificação com o líder, mas numa desidentificação que funciona sob o significante "vida", e nem isso motivo é redutoramente vitalista: essa desidentificação defende outra vida, a vida futura.

Em geral as identificações são consideradas importantes para a solidariedade e a perpetuação dos laços sociais, mas também implicam certo potencial destrutivo e permitem que atos destrutivos sejam levados a cabo impunemente. Sem dúvida, é importante considerarmos as várias formas de interiorização que, às vezes, são muito rapidamente classificadas como "identificação". A interiorização do outro ou do ideal perdido, no caso da melancolia, preserva e anima certa forma de hostilidade que tem o poder de destruir o próprio organismo vivo. Assim, mesmo quando controla a exteriorização da destrutividade, o superego continua sendo um instrumento potencialmente destrutivo, que pode chegar a servir aos propósitos assassinos que deve controlar da maneira mais autodestrutiva, a saber, pelo suicídio. A conclusão moralista de Freud nesse contexto é que o superego sempre será um instrumento fraco para impor um freio à violência, a menos que optemos pela *violência do superego*, por mais fatal que se revele, e não por sua alternativa, a expressão exteriorizada.

---

[19] Ver José Esteban Muñoz, *Disidentifications: Queers of Color and the Performance of Politics* (Minneapolis, University of Minnesota Press, 1999).

Mas a mania, evidenciada no desejo maníaco de viver, é uma chave que nos dá outra possibilidade. Não se trata de um modelo de ação – a tarefa não é tornar-se repentinamente maníaco, como se isso se traduzisse de forma direta em um meio de resistência política eficaz. Isso não aconteceria. A mania superestima o poder do sujeito e perde o contato com a realidade. No entanto, onde encontramos os recursos psíquicos para nos afastarmos da realidade, tal como é estabelecida e naturalizada hoje? O "irrealismo" da mania sugere uma rejeição do *status quo*; ele se vale e intensifica o desejo de viver de quem luta contra formas exacerbadas de autorrecriminação. Essa destruição ou crueldade contra si mesmo também pode ser temporariamente mitigada recorrendo-se à solidariedade social do fracasso – na qual nenhum de nós vive de acordo com o ideal, e esse fracasso compartilhado ampara nossa solidariedade e nosso senso de igualdade. Essa mitigação da violência do superego é temporária quando uma formação grupal não consegue ordenar e conter a hostilidade, e esta pode assumir uma forma fatal. Além disso, existem formações grupais que mobilizam essa hostilidade destrutiva contra um inimigo externo, e nesse momento a destruição da vida, ou até mesmo a destruição em massa da vida, torna-se possível. A identificação pode implicar um potencial destrutivo quando um grupo forma laços identitários que dependem da exteriorização de seu próprio potencial destrutivo. Os outros, com os quais o grupo se desidentifica, passam a encarnar essa destruição sob uma forma espectral – uma forma que é, por assim dizer, um empréstimo (denegado) do grupo original. Mas a denegação não precisa operar dessa maneira. Quando, por exemplo, a desidentificação aponta a emergência de uma capacidade crítica que rompe com as formas de tirania, ela atua com seus próprios poderes de destruição, entendidos como um desmantelamento deliberado de um regime tirânico[20]. Isso pode acontecer, e acontece, num contexto de solidariedade de sentimentos, que não representa um modo perfeito de identificação: laços ambivalentes que, ainda assim, são necessários para as alianças e têm consciência dos potenciais afirmativos e destrutivos que decorrem dessa relação contrariada. Quando a desidentificação interrompe a sujeição fascinada ao tirano, ela é, ao mesmo tempo, maníaca e crítica.

Se o superego é avaliado como o único controle possível da destrutividade, a destrutividade retorna ao sujeito, mas coloca sua existência em perigo. Na melancolia, a hostilidade não é exteriorizada, mas o ego torna-se objeto de uma

---

[20] Idem.

hostilidade potencialmente assassina, que tem o poder de destruir o ego vivo, o próprio organismo. Mas a mania introduz esse desejo irrealista de existir e persistir, que parece não se basear em nenhuma realidade perceptível e não tem bons motivos para fazê-lo em um regime político específico. Sozinha, a mania nunca pode se tornar uma política sem se tornar uma forma perigosa de destruição, mas introduz um "irrealismo" vigoroso nas modalidades de solidariedade que tentam desmantelar os regimes violentos, insistindo, contra todas as previsões, em uma realidade outra.

REPRIMINDO A VIOLÊNCIA

Freud e Einstein preocupam-se ambos com o que reprime a destrutividade: se outra pulsão pode vencer a pulsão de morte, se reprimi-la requer uma intensificação da consciência. Em termos gerais, temos duas alternativas. Uma afirma que precisamos desenvolver, em nós e nos outros, formas de consciência que nos imbuam de uma repulsa moral à violência. A outra sustenta ser necessário cultivarmos os laços do amor para derrotar a pulsão de morte em sua persistência mecânica. No entanto, se a consciência pode apoiar laços sociais nacionalistas, fascistas e racistas, como confiar nela para reprimir a violência? A obediência ao poder tirânico geralmente exige e impõe uma forma de sujeito na qual a submissão se torna um imperativo moral. Libertar-se do controle tirânico tem o risco de dissolver essa forma de sujeito, principalmente quando ela se estabelece em forma superegoica. Se pudéssemos recorrer ao amor e simplesmente avivar suas chamas para que se tornasse a força mais poderosa, teríamos uma solução. Mas o amor, como observamos anteriormente, define-se por sua ambivalência, estrutura-se pela oscilação entre o amor e o ódio. A tarefa parece ser encontrar um modo de viver e agir que seja ambivalente – um modo no qual a ambivalência seja compreendida não como um impasse, mas como uma divisão interna que requer uma orientação e uma prática éticas. Pois só a prática ética que conhece o próprio potencial destrutivo será capaz de resistir a ele. As pessoas para as quais a destruição vem única e exclusivamente de fora nunca serão capazes de reconhecer ou trabalhar com as exigências éticas impostas pela não violência. Dito isso, a violência e a não violência seguem como questões ao mesmo tempo sociopolíticas e psíquicas; portanto, a reflexão ética sobre o debate precisa acontecer exatamente no limiar dos mundos psíquico e social.

Esse mesmo problema aparece na correspondência entre Freud e Einstein nos anos 1931 e 1932, imediatamente antes da ascensão de Hitler ao poder

136 A força da não violência

e do exílio de ambos[21]. Einstein escreveu a Freud para lhe perguntar como a humanidade pode ser libertada da "ameaça de guerra"[22]. Lastimando que o destino da humanidade estivesse nas mãos de "uma classe governante" que "têm sede de poder", "hostil a qualquer limitação da soberania nacional", Einstein apela a Freud como alguém cujo "julgamento crítico" é de suma importância naquele momento em que uma guerra mundial ameaçava novamente a Europa. Ele pergunta se existe uma base nas pulsões que constituem a vida psíquica humana para um arranjo político que pudesse servir de freio eficaz à guerra. Pergunta, em especial, se seria possível criar uma associação ou um tribunal que verificasse o poder destrutivo dessas pulsões. Einstein primeiro identifica o problema como pulsões destrutivas, mas também sonda a questão no nível das instituições políticas, conclamando as nações a cederem sua soberania a um organismo internacional que exigisse comprometimento com a prevenção de guerras e a garantia da segurança internacional. Esse objetivo político só poderia ser alcançado se os seres humanos fossem criaturas capazes de estabelecer (e se submeter a) autoridades internacionais com o poder de evitar a guerra. Se existe tendência ou pulsão que reduza essa capacidade, então seria impossível evitar a guerra. Tendo claramente lido Freud, Einstein pergunta se os seres humanos têm dentro de si "uma ânsia de ódio e destruição" e se ela pode ser "alçada [...] ao poder de uma psicose coletiva". Assim, embora se pergunte se as pulsões destrutivas podem ser refreadas, ele também se questiona se práticas ou instituições humanas poderiam ser cultivadas para aumentar a possibilidade de evitarmos uma guerra. Observa que a violência pode assumir a forma de guerras entre nações, mas também de guerras civis motivadas por fanatismo religioso e "perseguição a minorias raciais"[23].

Freud alerta que não tem propostas práticas, mas em seus comentários elabora uma posição política. A primeira proposta que apresenta é substituir a distinção de Einstein entre direito e poder por outra entre direito e violência ("direito" é tradução de *Recht*, que em alemão significa ordem jurídica e até

---

[21] Einstein saiu da Alemanha em 1933 e Freud deixou Viena em 1938. A correspondência entre eles pode ser encontrada em "Why War?" (*The Standard Edition*, cit., v. 22, p. 195-216). Em 1931, o Instituto Internacional de Cooperação Intelectual convidou Einstein a iniciar um diálogo com um pensador de sua escolha sobre questões de política e paz, e ele escolheu Freud, que conhecera rapidamente alguns anos antes.

[22] Einstein a Freud, "Why War?", cit., p. 199.

[23] Ibidem, p. 201.

mesmo justiça). Freud explica que os conflitos entre pessoas e grupos eram tradicionalmente resolvidos por meio da violência, mas isso passou a acontecer menos frequentemente à medida que as formações grupais mudaram. Observa que, quando "uma aliança dos muitos fracos" superou a força do homem ou líder único, "traçou-se um caminho da violência para o direito"[24]. Dessa forma, escreve ele, "a força bruta é superada pela união" ou pelo que ele também chama de "o poder de uma comunidade". Em sua opinião, "a força superior de um único indivíduo poderia ser rebatida pela união de vários fracos"; em seguida, desenvolve: "Para que a transição da violência para esse novo direito ou justiça possa se efetuar [...], a união da maioria tem de ser estável e duradoura". Para isso, uma condição psicológica deve ser atendida: "A evolução de [...] sentimentos comunitários, que são a verdadeira fonte de sua força"[25].

Escrevendo a Einstein uma década depois de *Psicologia das massas e análise do eu*, Freud presume que a comunidade se mantém unida *não* pela subordinação compartilhada a um líder ideal, mas justamente pelo poder explícito de derrubar o governante tirânico ou autoritário e estabelecer leis e instituições comuns e coercitivas. Para derrubar o tirano e romper o apego baseado no amor ao tirano, talvez seja necessária alguma forma de mania. A mania pode tomar forma nos "sentimentos comunitários" ou "vínculos emocionais" que são exigidos para alcançar esse objetivo? A resposta parece depender da maneira como interpretamos a "comunidade de interesses"[26]. A aposta de Freud é que, à medida que o poder (não a violência) é transferido para combinações cada vez maiores, os membros do grupo se tornam cada vez mais emancipados e têm cada vez mais a tendência a agir a partir de sentimentos de solidariedade. Einstein falou da obrigação de cada Estado-nação de abrir mão de sua soberania em favor de um corpo internacional mais amplo. Freud também imaginava a distribuição de poder para além do modelo de soberania. À medida que a comunidade e seus poderes de autogoverno se expandem e se tornam mais distintos ou mesmo opostos ao indivíduo que governa, o "sentimento de solidariedade" expresso em um conjunto de leis autolegisladas e autolimitantes é invocado para reprimir a destrutividade. O problema permanente, no entanto, é que a violência pode irromper na comunidade, por exemplo, quando uma facção se opõe a outra

---

[24] Freud a Einstein, "Why War?", cit., p. 205.

[25] Idem.

[26] Idem.

ou quando o direito de insubordinação é exercido contra o Estado ou o órgão internacional que limita a soberania dos Estados.

Tanto para Freud como para Einstein, a limitação da violência parece coincidir com a limitação da soberania do Estado dentro de um quadro internacionalista mais amplo. Esse movimento visa ao antropomorfismo do poder que constitui a própria soberania. No início dos anos 1930, Freud e Einstein entendiam que o fervor nacionalista levava a surtos de violência, embora não conseguissem ver as formas de violência estatal do fascismo e do nazismo que se materializariam alguns anos depois. No início da década de 1930, o órgão internacional ou "tribunal" que imaginavam era representado, até certo ponto, pela Liga das Nações, mas essa instituição estava longe de constituir um poder supremo, uma vez que a soberania do Estado não podia ser efetivamente controlada pelas instituições existentes. Sem poder de sanção, faltava a esse tipo de corpo o poder soberano necessário para evitar uma guerra. A conclusão, portanto, era que a cessão da soberania em prol das relações internacionais representava o único caminho para a paz. Einstein, que se considerava "imune ao viés nacionalista", achava que valia a pena correr o risco de uma instituição internacional: "A busca pela segurança internacional envolve, em certa medida, a rendição incondicional, por todas as nações, de sua liberdade de ação, ou seja, de sua soberania, e não resta dúvida de que nenhum outro caminho pode levar a essa segurança". E prossegue, comentando o fracasso desse esforço, que "não deixa margem à dúvida de que fatores psicológicos estão em ação"[27]. Para Freud, a questão era como entender melhor os sentimentos de solidariedade se e quando se opõem ao tirano, isto é, se não se baseiam na identificação com a figura antropomórfica do poder não cerceado. Obviamente, a mania é uma maneira de divergir da realidade – por isso ela pertence ao circuito da melancolia. A mania age como se fosse uma liberdade incondicional, apenas para retornar ao problema de uma vida condicionada. Mas o que determina essa condição? E o que vem depois, já que se põem em dúvida as condições existentes de exercício da liberdade? Seguem-se alguns vislumbres efêmeros de utopia – transitórios, é claro, mas nem por isso desprovidos de potencial político.

O esforço final de Freud para encontrar maneiras de evitar a guerra o faz seguir uma linha de pensamento diferente da que segue em suas reflexões sobre a psicologia de grupo: a primeira via que ele explora exige resistência às exaltações do nacionalismo; a segunda adverte para que prestemos atenção

---

[27] Einstein a Freud, "Why War?", cit., p. 200.

à base "orgânica" de nossa natureza como seres humanos. Para encerrar, ele afirma com veemência que existem apenas duas maneiras de combater nossa propensão à guerra: a mobilização de "Eros, seu antagonista", e a criação de formas de identificação comunitárias[28]. Para isso, especula que as massas podem evoluir graças à educação e ao cultivo de sentimentos de solidariedade não nacionalistas[29]. A condição ideal seria aquela em que cada membro da comunidade tem autocontrole e o exerce justamente porque reconhece que a preservação da vida é, em si, um bem a ser valorizado coletivamente. O ideal de comunidade de Freud, no qual todos os membros são igualmente obrigados a impor limites a si mesmos em nome da preservação da vida, abre a possibilidade de uma democratização do julgamento e do pensamento críticos que não dependam dos extremos da autoflagelação pelo superego para chegar a uma posição moral. Afinal, será que Freud apresenta uma resposta à posição cética de que os poderes destrutivos dos seres humanos estão tão profundamente inscritos na vida das pulsões que nenhum arranjo político pode efetivamente refreá-las? Por um lado, ele argumenta que devemos nos unir em torno do amor, que constrói e preserva os laços sociais, e da identificação, que constrói e preserva os sentimentos de solidariedade, acima e contra o ódio (ou Tânato), que rompe os laços sociais selvagem e irracionalmente. Por outro lado, enfatiza repetidas vezes o fato de que o amor e o ódio são dimensões igualmente constitutivas das pulsões e que não é possível eliminar a destrutividade simplesmente amplificando Eros. Não é apenas porque às vezes temos de defender *agressivamente* nossa vida para preservar a vida (o objetivo de Eros); é também porque temos de nos comprometer a viver com as pessoas por quem nutrimos fortes sentimentos de hostilidade e impulsos agressivos.

Na discussão sobre identificação e melancolia, fica claro que todas as relações de amor contêm ambivalência e são compelidas em duas direções contrárias, entendidas como impulso de amor e de ódio. Assim, "amor" é apenas o nome de um dos polos da relação antagônica entre amor e ódio. Mas ele também dá nome à própria oposição, vivida como uma ambivalência emocional e suas variações oscilantes. Podemos dizer: "Amo você, portanto não odeio você", mas também podemos dizer que o amor e o ódio estão ligados, e esse paradoxo é o que incluímos no nome "amor". Na primeira formulação, o amor é inequívoco;

---

[28] Ibidem, p. 212.

[29] Sobre a resistência de Freud ao nacionalismo e ao sionismo, ver Jacqueline Rose, *The Last Resistance* (Londres, Verso, 2007), p. 17-38.

na segunda, ele não escapa à ambivalência. Há algo no ritmo que se estabelece entre essas duas formulações, mesmo que discordante, que constitua para Freud um conceito mais amplo de amor?

Parece haver duas consequências das visões de Freud sobre a destrutividade e a guerra que são expostas, mas não chegam a ser aprofundadas. A primeira é que um corretivo para as formas de sentimento nacionalista acelerado é justamente a ambivalência, o "rompimento" do laço social que decorre do autodistanciamento consciente de suas exaltações e hostilidades – e do quadro referencial restritivamente nacionalista. É possível amar um país e ao mesmo tempo discordar do fervor nacionalista; isso ativa a ambivalência em favor da reflexão crítica sobre a possibilidade de guerra e da recusa em participar de sua euforia. A segunda consequência seria a arregimentação do ódio contra a própria guerra. Freud a apresenta indiretamente na carta a Einstein, com sua retórica particular. Por exemplo, ele escreve: "A base de nosso ódio compartilhado contra a guerra [...] é que não podemos fazer nada além de odiá-la. Somos pacifistas porque nossa natureza orgânica quer que o sejamos"[30].

Com certeza, essa é uma afirmação radical e suspeita. O que Freud faz quando a escreve? A princípio, diz que a pulsão de morte é uma dimensão "inconquistável" de nossa vida orgânica; depois, parece haver uma pulsão pela vida, ou uma pulsão vital por viver, que tenta eliminar a ameaça à própria vida. Apenas parte de nossa natureza orgânica deseja que sejamos pacifistas, a parte que valorizaria os sentimentos de solidariedade, isto é, os sentimentos que tentam eliminar as forças de destruição e o fascínio antropomórfico pelo poder tirânico. Assim, na prática, ele convoca ou faz um apelo àquela parte de nossa natureza orgânica que poderia ser pacifista caso tivesse poder sobre nossos impulsos destrutivos, subordinando-os aos objetivos da autopreservação coletiva.

Freud convoca a natureza orgânica a manifestar seu necessário pacifismo, mas isso só pode acontecer onde a "evolução cultural" produziu um ressentimento contra a guerra e uma percepção profunda de seu caráter intolerável. Portanto, apenas a natureza orgânica *educada é capaz de* descobrir que as sensações de guerra não são emocionantes, porque somente por uma ótica educada conseguimos ver – e imaginar – a destruição da vida orgânica que está implícita na guerra, algo que se mostra inaceitável à luz da própria vida orgânica. Por um lado, é a vida orgânica que nos torna pacifistas, já que ao menos parte de nós

---

[30] Freud a Einstein, "Why War?", cit., p. 214.

não deseja nossa destruição (quando não estamos sob o domínio da pulsão de morte). Por outro, só compreendemos as consequências da destruição da vida orgânica por um processo cultural capaz de nos fazer enxergar e considerar essa destruição e, assim, desenvolver uma repulsa contra a própria destruição. Enfim, Freud espera que outra vicissitude da vida orgânica tenha a palavra final contra a pulsão de morte, cujo objetivo é destruir essa mesma vida, e que se compreenda que várias formas de vida orgânica são ligadas por relações de dependência que se estendem a todo o mundo vivo. Trata-se, portanto, de uma política pensada de e para o organismo vivo, mesmo que às vezes o organismo seja impelido a seguir um caminho tortuoso e destrutivo rumo à morte. O ódio nunca está inteiramente ausente, mas seu poder negativo pode ser concentrado em uma postura agressiva contra a guerra, uma forma de destruição contraposta a outra – visão que seria compatível, por exemplo, com uma forma agressiva de pacifismo que o próprio Einstein chamou de "pacifismo militante"[31].

Gandhi também parecia empenhado numa teoria própria da pulsão quando afirmou: "Descobri que a vida persiste em meio à destruição e, portanto, deve haver uma lei superior à lei da destruição"[32]. Ele também relaciona isso à "lei do amor". Qualquer que seja a forma dessa "lei", ela parece tomar a forma de um apelo retórico à lei, de uma petição contra a destruição. Talvez ela não se baseie em uma lei cognoscível, mas, sim, da mesma forma que as demandas de natureza orgânica, em uma retórica política e ética que busca compelir e persuadir no sentido da não violência, precisamente nos momentos em que há um fascínio total pela violência.

O apelo de Freud à não violência opera também em um campo psíquico e social em que as ações são impelidas em direções opostas. Qualquer "lei" que se imponha contra a violência não é uma lei codificável ou aplicável. Ela estrutura o apelo em si, o ato de se dirigir a outrem, o laço ético pressuposto e avivado por esse apelo. Além do mais, isso não significa que não haja lugar para a destruição, no sentido de ruptura com a subordinação ou de desmantelamento de um regime injusto. O sujeito que é obediente a uma forma assassina de

---

[31] Em entrevista a George Sylvester Viereck, em janeiro de 1931, Einstein afirma: "Não sou apenas pacifista, sou também um pacifista militante. Estou disposto a lutar pela paz. Nada porá fim à guerra, mesmo que as pessoas se recusem a ir para a guerra. Toda grande causa é defendida, primeiro, por uma minoria agressiva". Em Otto Nathan e Heinz Norden (orgs.), *Einstein on Peace* (Auckland, Pickle Partners, 2017), p. 125.

[32] Mahatma Gandhi, "My Faith in Nonviolence", em *The Power of Nonviolence: Writings by Advocates of Peace* (Boston, Beacon, 2002), p. 45.

poder reencena essa violência contra si mesmo, elevando esse poder político a estrutura do superego, uma forma interiorizada de violência. O limite do superego é a destruição do ego e do organismo vivo em si (suicídio ou homicídio), mas a forma de agressão que Freud imagina, no fim de sua correspondência com Einstein, é de outra ordem. Quando observa que a única esperança de triunfar sobre o tirano é a mobilização da mania (levantando acusação após acusação até que a quantidade oprima o poder soberano), ele nos oferece um vislumbre daquelas formas de solidariedade insurrecional que se voltam contra o governo autoritário e tirânico e contra formas de guerra que ameaçam a destruição da própria vida. O ódio dirigido contra a guerra é semelhante talvez à mania que, por si só, tem a força de libertar o sujeito do tirano; ambos rompem com as formas nacionalistas e militaristas de pertencimento social, dirigindo um sentido da capacidade crítica contra outro. A capacidade crítica que adquire vida em nome da democratização do dissenso é aquela que se opõe à guerra e resiste à embriaguez do nacionalismo, voltando-se contra o líder que insiste que a obediência a uma autoridade belicista é obrigatória. Dessa forma, Freud imagina a democratização do juízo crítico baseado em sentimentos de solidariedade, uma democratização que se volte contra as formas de agressão que ameaçam a vida, inclusive sua manifestação crítica. A agressão e o ódio certamente permanecem, mas agora dirigidos contra tudo o que prejudica a perspectiva de expansão da igualdade e coloca em risco a continuação orgânica de nossas vidas interconectadas. Mas nada está garantido, pois a pulsão de morte também parece fazer parte da vida orgânica. Portanto, se a dualidade entre vida e morte impele o orgânico, isso deveria nos surpreender. A luta que nos constitui como criaturas políticas é aquela que perseguimos, mesmo sem conhecimento perfeito e consciente, nas práticas de vida e de morte, apesar de nossos esforços de vigilância às vezes admiravelmente decididos.

Pós-escrito:
repensando a vulnerabilidade,
a violência e a resistência

Não há dúvida de que vivemos uma época de numerosas atrocidades e mortes sem sentido e, por isso, uma das grandes questões éticas e políticas atuais é: quais são as modalidades de representação disponíveis para apreendermos essa violência? Algumas pessoas diriam que as autoridades mundiais e regionais têm de identificar os grupos vulneráveis e lhes oferecer proteção. Embora eu não me oponha à proliferação de "documentos de vulnerabilidade" que permitam que mais imigrantes atravessem as fronteiras, pergunto-me se essa conformação específica de discurso e poder chega ao cerne do problema. Atualmente, é conhecida a crítica de que o discurso sobre os "grupos vulneráveis" reproduz o poder paternalista e dá autoridade a agências reguladoras com limitações e interesses próprios. Ao mesmo tempo, estou ciente de que muitos defensores e defensoras da vulnerabilidade tentaram abordar exatamente essa questão em seus trabalhos empíricos e teóricos[1].

O que parece claro é que, por mais importante que seja revalorizar a vulnerabilidade e abrir espaço para o cuidado, nem a vulnerabilidade nem o cuidado podem servir de base a uma política. Certamente eu gostaria de ser uma pessoa melhor e me esforçar para isso, em parte reconhecendo minha falibilidade aparentemente profunda e recorrente. Mas nenhum de nós deveria buscar a santidade, se isso significa guardar toda a bondade para si mesmo e imputar a dimensão falha ou destrutiva da psique humana a atores externos, os que vivem na região do "não eu" com quem nos desidentificamos. Se, por exemplo,

---

[1]   Ver as pesquisas acadêmicas de Martha Fineman e sua equipe na Emory University: "Vulnerability and the Human Condition". Disponível em: <https://web.gs.emory.edu/vulnera bility/index.html>; acesso em: 9 jun. 2021.

queremos dizer por ética e política do "cuidado" que uma disposição humana permanente e não conflitante pode e deve originar um quadro referencial político para o feminismo, então entramos em uma realidade bifurcada em que nossa própria agressão é suprimida ou projetada nos outros. De forma semelhante, seria fácil e eficaz se pudéssemos estabelecer a vulnerabilidade como fundamento de uma nova política; mas, dada como condição, ela não pode ser isolada dos outros termos nem ser o tipo de fenômeno que serve de fundamento. Alguém é vulnerável, por exemplo, sem permanecer na condição vulnerável? Além disso, se pensarmos naquelas pessoas que, em condição de vulnerabilidade, resistem a essa condição, como devemos compreender essa dualidade?

A tarefa, a meu ver, não é unir-se como criaturas vulneráveis ou criar uma classe de pessoas que se identificam, sobretudo, como vulneráveis. Quando retratamos as pessoas e as comunidades que são sistematicamente submetidas à violência, fazemos justiça a elas, respeitamos a dignidade de sua luta, reduzindo--as à condição de "vulneráveis"? No contexto das ações em favor dos direitos humanos, a categoria "populações vulneráveis" inclui quem precisa de proteção e cuidado. Obviamente, é crucial trazer à consciência pública a situação de quem necessita de condições humanas básicas, como alimento e abrigo, mas também é importante nos sensibilizamos para a situação de pessoas cuja liberdade de circulação e direitos de cidadania são negados, ou mesmo criminalizados. De fato, um número cada vez maior de refugiados está sendo abandonado por Estados-nação e organizações transnacionais, inclusive pela União Europeia. O Alto-Comissariado das Nações Unidas para os Refugiados estima que há quase 10 milhões de apátridas no mundo hoje[2]. Também nos referimos às vítimas de feminicídio na América Latina (cerca de 3 mil pessoas ao ano, com taxas particularmente elevadas em Honduras, Guatemala, Brasil, Argentina, Venezuela e El Salvador)[3] – e "feminicídio" inclui todas as pessoas que sofrem

---

[2]   United Nations High Commissioner for Refugees, *Statelessness around the World*, UNHCR. Disponível em: <https://www.unhcr.org/ibelong/statelessness-around-the-world/>; acesso em: 9 jun. 2021.

[3]   "Countries with the Highest Number of Murders of Trans and Gender-Diverse People in Latin America from October 2018 to September 2019", *Statista Research Department*, nov. 2019. Disponível em: <https://www.statista.com/statistics/944650/number-trans-murders-latin-america-country>. Ver também Chase Strangio, "Deadly Violence against Transgender People Is on the Rise. The Government Isn't Helping", *ACLU*, 21 ago. 2018. Disponível em: <https://www.aclu.org/blog/lgbtq-rights/criminal-justice-reform-lgbtq-people/deadly-violence-against-transgender-people>; acesso em: 9 jun. 2021.

maus-tratos ou são mortas porque são feminilizadas, inclusive mulheres trans. Ao mesmo tempo, o movimento Ni Una Menos levou mais de 1 milhão de mulheres às ruas na América Latina (e na Espanha e na Itália) em protestos contra a violência machista. Organizando politicamente comunidades de mulheres, pessoas trans e travestis, o Ni Una Menos chegou a escolas, igrejas e sindicatos e associou-se a todas as classes sociais e diferentes comunidades regionais a fim de combater o homicídio de mulheres e trans, a discriminação, a agressão física e a desigualdade sistêmica.

Com frequência, os casos de feminicídio são denunciados em matérias sensacionalistas e causam um choque momentâneo. Há o horror, de fato, mas nem sempre ele se associa a análises e mobilizações que concentram a ira coletiva. O caráter sistêmico dessa violência desaparece quando se diz que os homens que cometem esse tipo de crime sofrem de distúrbios de personalidade ou patologias específicas. O mesmo acontece quando uma morte é considerada "trágica", como se forças conflitantes do universo levassem a um fim infeliz. A socióloga costa-riquenha Montserrat Sagot afirma que a violência contra as mulheres não apenas coloca em evidência a desigualdade sistêmica entre homens e mulheres em toda sociedade, mas expõe formas de terror que fazem parte de um legado de poder ditatorial e violência militar[4]. A impunidade com que homicídios brutais são tratados perpetua um legado violento no qual dominação, terror, vulnerabilidade social e extermínio são regularmente cometidos. Para ela, não basta explicar esses homicídios recorrendo a características individuais, patologias ou mesmo à agressão masculina. Ao contrário, esses atos de morte têm de ser compreendidos em termos de reprodução de certa estrutura social. Ela afirma, além disso, que eles têm de ser descritos como uma forma extrema de terrorismo sexista[5].

Para Sagot, o homicídio é a forma mais extrema de dominação, e as outras, como discriminação, assédio e agressão física, têm de ser compreendidas dentro de um *continuum* com o feminicídio. O argumento não é causal, mas toda forma de dominação sinaliza esse desfecho mortal como possibilidade. A violência sexual carrega em si uma ameaça de morte e, com muita frequência, cumpre essa promessa.

---

[4] Montserrat Sagot, "A rota crítica da violência intrafamiliar em países latino-americanos", em Stela Nazareth Meneghel et al., *Rotas críticas: mulheres enfrentando a violência* (São Leopoldo, Editora Usinos, 2007), p. 23-50.

[5] Ver também Julia Estela Monárrez Fragoso, "Serial Sexual Femicide in Ciudad Juárez: 1993-2001", *Debate Feminista*, v. 13, n. 25, 2002.

146 A FORÇA DA NÃO VIOLÊNCIA

O feminicídio opera, em parte, instaurando um clima de medo de que toda mulher, inclusive mulheres trans, pode ser morta. E esse medo se agrava entre mulheres e *queers* de minorias étnicas, especialmente no Brasil. As pessoas se veem como *ainda vivas*, apesar do contexto ameaçador, e resistem e respiram numa atmosfera de perigo potencial. As mulheres que vivem dessa forma sentem-se, em certa medida, aterrorizadas pela prevalência e pela impunidade dessa prática mortífera. São induzidas a se submeter aos homens para evitar esse destino, o que significa que sua experiência da desigualdade e da subordinação já está ligada a sua condição de "matáveis". "Subordinar-se ou morrer" pode parecer um imperativo hiperbólico, mas é a mensagem que muitas mulheres sabem que se dirige a elas. É comum esse poder de aterrorizar ser respaldado, apoiado e reforçado pelo sistema policial e judiciário, que se recusa a processar judicialmente e não reconhece o caráter criminoso do ato. Às vezes, as mulheres que ousam prestar queixa formal sofrem nova violência e são punidas por sua manifestação de coragem e persistência.

O homicídio é o ato obviamente violento nesse cenário, mas não se reproduziria com tamanha velocidade e intensidade não fosse pelas pessoas que menosprezam o crime, culpam a vítima ou patologizam o assassino para desculpá-lo. Na verdade, muito frequentemente a impunidade está incorporada à estrutura jurídica (esse é um dos motivos pelos quais as autoridades locais resistem à intervenção da Corte Interamericana de Direitos Humanos), o que significa que não receber a denúncia, ameaçar quem denuncia e não reconhecer o crime perpetua esse tipo de violência e dá licença para matar. Nesses casos, temos de situar a violência no próprio ato, mas também no prenúncio contido na dominação social das mulheres – e das pessoas feminilizadas. A violência acontece na sequência de recusas jurídicas e não reconhecimentos: não denunciar significa que não há crime, não há punição e não há reparação.

Se entendemos que o feminicídio produz terror sexual, essas lutas feministas e trans não apenas são relacionadas (tal qual deveriam ser), como estão ligadas às lutas das pessoas *queer*, de todas as pessoas que lutam contra a homofobia e das pessoas de cor* que são desproporcionalmente vítimas de violência e abandono. Se o terror sexual está relacionado não apenas à dominação, mas também ao extermínio, a violência sexual constitui o lugar denso de histórias de opressão e lutas de resistência. Por mais que cada uma dessas perdas seja individual e terrível, elas fazem parte de uma estrutura social que julga as mulheres como não

---

* No contexto estadunidense, *person of color* [pessoa de cor] é qualquer pessoa racializada, incluindo, por exemplo, indígenas. A expressão não é pejorativa e é adotada neste livro. (N. E.)

PÓS-ESCRITO: REPENSANDO A VULNERABILIDADE, A VIOLÊNCIA E A RESISTÊNCIA   147

enlutáveis. O ato de violência representa a estrutura social, e esta excede todos os atos de violência pelos quais ela é exteriorizada e reproduzida. São perdas que não deveriam ter acontecido, que não deveriam nunca mais acontecer: *Ni una Menos*.

Meu exemplo não faz justiça à especificidade histórica desses atos de violência, mas talvez introduza uma série de questões que podem ser úteis para compreender homicídios após homicídios como algo mais que atos isolados e terríveis. A necessidade ética e epistemológica de criar um quadro global e explicar essa realidade teria de incluir os homicídios que ocorrem nas ruas e nos presídios dos Estados Unidos e são de responsabilidade da polícia, que muitas vezes faz justiça *in loco*. A adoção na direita populista de novos autoritarismos, novas lógicas de segurança e novos poderes para as forças de segurança, para a polícia e para as Forças Armadas (e, em particular, a fusão das três, que parece monitorar cada vez mais o espaço público) supõe que tais instituições letais são necessárias para "proteger" o "povo" da violência. No entanto, essas justificativas apenas aumentam os poderes da polícia e sujeitam as pessoas à margem a estratégias carcerárias de contenção e limitação cada vez mais intensas.

Mas existe maneira de nomear e combater esse tipo de seleção necropolítica de alvos sem produzir uma classe de vítimas que impeça que mulheres, *queers*, trans e pessoas de cor (mais em geral) desenvolvam redes, teorias e análises, solidariedades e poder de fazer uma oposição efetiva? A polícia busca "proteger" a população contra a violência e aumentar seu poder carcerário em nome dessa proteção. Será que involuntariamente não fazemos o mesmo quando falamos de "populações vulneráveis", e a tarefa não é diminuir essa vulnerabilidade? Isso é feito por organizações ou agências de auxílio. Diminuir a precariedade é bom, mas será que essa abordagem capta e se opõe às formas estruturais de violência e à economia que lança populações numa precariedade invivível? Por que "nós" não desistimos da opção paternalista, por assim dizer, e aderimos às redes de solidariedade, opondo-nos às formas de dominação social e de violência, ao lado de pessoas que estão em situação de vulnerabilidade *e* na luta? Uma vez que "os vulneráveis" são constituídos como tais, entende-se que eles ainda mantêm e exercem poder? Ou será que todo poder desaparece da situação de vulnerabilidade, ressurgindo como poder de cuidado paternalista, agora obrigado a intervir?

E se a situação das pessoas consideradas vulneráveis for, na verdade, um conjunto de vulnerabilidade, raiva, persistência e resistência que emerge nessas mesmas condições históricas? Seria igualmente insensato *extrair* a vulnerabilidade desse conjunto; aliás, a vulnerabilidade atravessa e condiciona as relações sociais e, sem essa percepção, temos poucas chances de concretizar a igualdade fundamental que desejamos. A vulnerabilidade não precisa ser identificada exclusivamente como passividade; ela só faz sentido à luz de um conjunto concreto de relações sociais, incluindo práticas de resistência. Uma visão da vulnerabilidade como parte das relações e das ações sociais concretas pode nos ajudar a compreender como e por que as formas de resistência surgem da maneira que surgem. Embora a dominação não seja sempre seguida de resistência, se nossos quadros referenciais de poder não conseguirem entender que vulnerabilidade e resistência podem funcionar juntas, corremos o risco de não identificarmos os pontos de resistência criados pela vulnerabilidade.

Dito isso, é evidente que o caráter organizado da privação e da morte que ocorreu ao longo das fronteiras ampliadas da Europa é enorme e que a resistência de migrantes e aliados é crucial, ainda que circunstancial. Cerca de 5,4 mil pessoas morreram tentando cruzar o Mediterrâneo em 2017-2018, entre elas um grande número de curdos tentando migrar por mar[6]. A Rede Síria para os Direitos Humanos relata que, no oitavo aniversário da guerra, em março de 2019, o número de civis mortos chegou a 221.161[7]. Há muitos exemplos aos quais poderíamos recorrer, além do feminicídio, para saber como se nomeia e se compreende a organização de populações preparadas para a privação e a morte; esses exemplos incluiriam o tratamento brutal de sírios e curdos, homens e mulheres, aglomerados na fronteira da Turquia e o racismo contra os muçulmanos na Europa e nos Estados Unidos, além da convergência de ambos com o racismo contra imigrantes e pessoas negras, criando a ideia de pessoas descartáveis – aquelas que são consideradas à beira da morte ou já mortas.

Ao mesmo tempo, essas pessoas que perderam apoio infraestrutural desenvolveram redes, transmitiram informações, procuraram compreender e utilizar a seu favor as leis marítimas internacionais para atravessarem fronteiras, traçar rotas e se conectar com comunidades capazes de oferecer algum tipo de apoio, como ocupar hotéis desativados com anarquistas complacentes. As pessoas aglomeradas nas fronteiras da Europa não são exatamente o que o filósofo

---

[6] International Organization for Migration, "Mediterranean Migrant Arrivals Reach 113,145 in 2018; Deaths Reach 2,242", *IOM*, 2018, disponível em: <https://www.iom.int/news/mediterranean-migrant-arrivals-reach-113145-2018-deaths-reach-2242>; IOM, *Missing Migrants: Mediterranean – Deaths by Route*, disponível em: <http://missingmigrants.iom.int/region/mediterranean>; acesso em: 15 maio 2019.

[7] Syrian Network for Human Rights, "Eight Years Since the Start of the Popular Uprising in Syria, Terrible Violations Continue". Disponível em: <https://sn4hr.org/blog/2019/03/11/53423/>; acesso em: 9 jun. 2021.

político Giorgio Agamben denominou "vida nua", ou seja, não reconhecemos o sofrimento dessas pessoas privando-as ainda mais de toda capacidade. Ao contrário, a maioria está em uma situação terrível: improvisando formas de sociabilidade, utilizando telefones celulares, planejando e agindo quando possível, desenhando mapas, aprendendo línguas, ainda que, em muitos casos, isso nem sempre seja possível. Mesmo quando a agência é bloqueada a cada passo, ainda há formas de resistir ao bloqueio, modos de entrar no campo de força da violência para impedir que ela se perpetue. Quando essas pessoas exigem documentos, mobilidade, entrada, elas não estão superando sua vulnerabilidade: elas a estão *demonstrando* e *comprovando*. O que acontece não é uma transformação heroica ou milagrosa da vulnerabilidade em força, mas a articulação da reivindicação de que apenas uma vida que tem apoio pode persistir *como vida*. Às vezes, a reivindicação é feita com o corpo, quando a pessoa se coloca em um lugar em que fica exposta ao poder policial e se recusa a sair. A foto do reivindicante tirada pelo celular é o argumento virtual a favor da vida real e mostra como a vida depende de sua circulação virtual. O corpo só pode declarar "esta é uma vida" se as condições da declaração forem estabelecidas, isto é, por protestos enfáticos, contextualizados e públicos.

Vejamos, por exemplo, o caso do jornal alemão *Daily Resistance*, que é publicado em farsi, árabe, turco, alemão, francês e inglês e traz artigos escritos por refugiados e refugiadas que formulam uma série de reivindicações políticas, como a abolição de todos os campos de refugiados, o fim da política alemã de *Residenzpflicht* (que limita a liberdade de deslocamento de refugiados a áreas estreitas), a suspensão de todas as deportações e a concessão de permissões de trabalho e estudo para refugiados[8]. Em 2012, vários refugiados de Würzburg costuraram a própria boca em protesto contra a recusa do governo em lhes dar uma resposta. O gesto foi repetido em vários lugares, mais recentemente por imigrantes iranianos em Calais, na França, em março de 2017, contra a evacuação e a destruição do campo em que viviam. A visão dessas pessoas, amplamente compartilhada, é de que, sem respostas políticas, os refugiados permanecem sem voz, já que uma voz que não é ouvida não é registrada e, portanto, não é uma voz política. Obviamente, essas pessoas não colocaram suas reivindicações sob essa forma propositiva. Mas apresentaram o que queriam com um gesto visível e legível que calou sua voz como o sinal e a substância

---

8   Ver meu texto "Vulnerability and Resistance", *Profession*, mar. 2014. Disponível em: <https://profession.mla.org/vulnerability-and-resistance/>; acesso em: 9 jun. 2021.

150 A FORÇA DA NÃO VIOLÊNCIA

de sua reivindicação. A imagem dos lábios costurados mostra que a reivindicação não pode ser vocalizada e, portanto, é feita em silêncio. A ausência de voz é representada visualmente para destacar os limites políticos impostos à capacidade de escuta. De certa maneira, vemos novamente uma forma de política teatral que afirma o poder dessas pessoas e, ao mesmo tempo, os limites impostos a esse poder.

Um exemplo vindo da Turquia é o "homem de pé" na praça Taksim, em junho de 2013, durante os protestos contra o governo de Recep Tayyip Erdoğan, suas políticas de privatização e seu autoritarismo. O homem de pé era o artista Erdem Gündüz, que obedeceu ao decreto do Estado promulgado imediatamente após os protestos em massa: não se reunir e não falar com pessoas em assembleias. Com esse decreto, Erdoğan tentou destruir as premissas básicas da democracia: liberdade de circulação, de reunião e de discurso. Então, um homem se levantou e ficou de pé, mantendo-se à distância exigida de outra pessoa, que por sua vez ficou de pé à distância exigida de outra. Legalmente, eles não constituíam uma assembleia e ninguém falava nem se movia. O que fizeram foi cumprir perfeitamente o decreto, às centenas, respeitando o devido distanciamento uns dos outros. Eles demonstraram de forma efetiva a proibição sob a qual viviam, submetendo-se a ela ao mesmo tempo que a expunham perante as câmeras, o que não podia ser totalmente vedado. A manifestação tinha ao menos dois significados: a proibição foi mostrada, incorporada e encenada com o corpo – a proibição se tornou um roteiro –, mas a proibição também foi enfrentada e contestada. Essa manifestação foi elaborada no e pelo campo visual das câmeras dos celulares, essa forma de tecnologia que escapa à interdição do discurso e da mobilidade. Assim, a performance tanto se submeteu à interdição como a desafiou, em uma mesma ação. Isso mostra a posição intrincada do sujeito subjugado, expondo e enfrentando a própria subjugação.

Em tais casos, o caráter vivente do subjugado também se evidencia: esta vida não será sequestrada por sua subjugação, privada de presença e de discurso na esfera pública; esta vida será uma vida *viva*, e essa duplicação significa que ela ainda não foi extinta, que continua a reivindicar seu caráter vivente. Os corpos que dizem "Não vou desaparecer tão facilmente" ou "Meu desaparecimento deixará um rastro vivo a partir do qual a resistência crescerá", afirmam efetivamente seu direito ao luto na esfera pública e midiática. Ao expor seus corpos em uma manifestação, elas mostram quais corpos são ameaçados de detenção, deportação ou morte. Pois a performance corporificada traz à tona essa exposição histórica específica à violência; ela faz a aposta e a reivindicação por meio da própria persistência performativa corporificada. Observe que não é o imediatismo do corpo que faz essa reivindicação, mas o corpo enquanto socialmente regulado e abandonado, o corpo que subsiste e resiste a essa mesma regulação, afirmando sua existência em termos legíveis[9]. Ele age como sua própria *dêixis*, apontando ou representando o corpo que alude a sua própria situação: *este* corpo, *estes* corpos; *estes* são os corpos expostos à violência, resistindo ao desaparecimento. Esses corpos ainda persistem, o que quer dizer que eles persistem sob condições em que seu próprio poder de persistir é sistematicamente solapado.

Essa persistência não é uma questão de individualismo heroico nem de ir fundo em recursos pessoais desconhecidos. O corpo, em sua persistência, não é expressão de uma vontade individual ou coletiva. Pois, se aceitamos que parte do que é o corpo (e esta, no momento, é uma afirmação ontológica) ocorre na dependência de outros corpos – de processos vivos dos quais participa, redes de apoio com as quais contribui –, então sugerimos que não é correto conceber os corpos individuais como inteiramente distintos uns dos outros, tampouco seria correto pensá-los como uma fusão, totalmente indistintos. Sem conceituar o significado político do corpo humano no contexto de instituições, práticas e relações em que ele vive e se desenvolve, é impossível explicar por que o homicídio é inaceitável, o abandono deve ser combatido e a precariedade tem de ser mitigada. Não é apenas porque este ou aquele corpo está ligado a uma rede de relações, mas é porque a fronteira o contém e relaciona; o corpo, talvez precisamente em virtude de seus limites, é diferenciado e ao mesmo tempo exposto a um mundo material e social que torna sua vida e sua ação possíveis. Quando as condições infraestruturais de vida estão em perigo, a vida também está, porque ela necessita dessa infraestrutura não só como um apoio externo, mas como uma característica imanente da vida em si. Essa é uma ideia materialista que só recusamos assumindo um risco.

A teoria social crítica nem sempre leva em consideração a forma como a vida e a morte são pressupostas pelos modos como pensamos as relações sociais. Pois uma coisa é dizer que vida e morte são socialmente organizadas e que podemos descrever formas sociais de viver e morrer. Esse, sem dúvida, é um trabalho importante. Mas, se não consideramos o que queremos dizer com "social" em tais discussões, talvez deixemos de ver que a ameaça de morte e a promessa

---

[9] Ver Lauren Wilcox, *Bodies of Violence: Theorizing Embodied Subjects in International Relations* (Oxford, Oxford University Press, 2015).

de vida são características constitutivas dessas relações que chamamos de "sociais". Assim, de certo modo, nossos usos do construtivismo devem mudar se queremos compreender as questões de vida e morte que estão em jogo aqui: a persistência corporal, o fato de que sempre há condições para a persistência corporal. Quando as condições de persistência corporal não são efetivadas, a persistência é ameaçada.

Se há um direito de persistir, este não seria um direito que os indivíduos mantêm à custa de sua condição social. O individualismo não consegue capturar a condição de vulnerabilidade, exposição e mesmo de dependência que o direito em si pressupõe e que corresponde, eu sugeriria, a um corpo cujas fronteiras são, elas próprias, relações sociais tensas e estimuláveis. Se um corpo que vacila e cai é amparado por redes de apoio, ou se um corpo em movimento percorre caminhos sem obstáculos, isso depende de um mundo que tenha sido pensado tanto para a gravidade quanto para a mobilidade – e esse mundo pode se manter assim. A pele é, desde o princípio, uma forma de exposição aos elementos, mas essa exposição sempre assume uma forma social. E o que se faz com ela já é uma relação socialmente organizada: uma relação de abrigo, de roupa adequada, de serviços de saúde. Se tentarmos descobrir o que é mais essencial para o corpo, reduzindo-o a seus elementos fundamentais ou mesmo a sua vida nua, descobrimos que ali mesmo, no nível de suas necessidades mais básicas, o mundo social já estrutura a cena. Portanto, as questões mais básicas (circulação, expressão, calor e saúde) já implicam esse corpo em um mundo social em que os caminhos são diferentemente pavimentados, são abertos ou fechados, e os modos de vestir, os tipos de abrigo são mais ou menos disponíveis, viáveis ou provisórios. O corpo é invariavelmente definido pelas relações sociais que influenciam sua persistência, sua subsistência e seu desenvolvimento.

O desenvolvimento associado à vida humana está ligado ao desenvolvimento das criaturas não humanas; a vida humana e a vida não humana são ligadas igualmente em virtude dos processos vivos que elas são, compartilham e necessitam, o que levanta uma série de questões sobre a responsabilidade que merece toda a atenção de especialistas e intelectuais em todas as áreas. O conceito político de autopreservação, usado com frequência na defesa da ação violenta, não leva em consideração que a preservação do eu necessita da preservação da Terra e que não estamos "no" meio ambiente global como seres que subsistem sozinhos, que só subsistiremos enquanto o planeta subsistir. O que é verdadeiro para seres humanos é verdadeiro para todas as outras criaturas vivas que necessitam de solo saudável e água potável para continuar a vida[10]. Se sobrevivemos, evoluímos e tentamos levar uma vida boa, essa vida será vivida com os outros – uma vida que não é vida sem esses outros. Não vou perder o "eu" que sou em tais condições; ao contrário, se tiver sorte e se o mundo for correto, seja eu quem for, serei sustentada e transformada pelas conexões que estabeleço com os outros – as formas de contato pelas quais sou modificada e sustentada.

A relação diádica conta apenas parte da história – a parte que pode ser ilustrada pelo encontro. Esse "eu" necessita de um "você" para sobreviver e evoluir. No entanto, tanto "eu" como "você" precisamos de um mundo que nos sustente. Essas relações sociais podem servir de base para refletirmos sobre as obrigações globais mais amplas de não violência que temos uns com os outros: não posso viver sem viver com um conjunto de pessoas, e é invariável que o potencial de destruição reside precisamente nessa relação necessária. O fato de que um grupo não pode viver sem viver junto com outro grupo significa que a própria vida do indivíduo já é, em certo sentido, a vida do outro. E há cada vez mais pessoas que já não pertencem a nenhuma nação, ou que perderam sua base territorial, porque esta foi invadida ou bombardeada; pessoas que foram expulsas de categorias que as mantinham fragilmente em seus termos, levando a perdas insuportáveis em uma língua que mal sabem falar, sumariamente agrupadas como "apátridas", "imigrantes" ou "indígenas".

Os laços que nos unem potencialmente através de zonas de violência geopolítica podem ser inconscientes e frágeis, carregados de paternalismo e poder, mas podem ser fortalecidos por formas transversais de solidariedade que contestam a primazia e a necessidade da violência. Os sentimentos de solidariedade que perduram são aqueles que aceitam o caráter transversal de nossas alianças, a perpétua necessidade de uma tradução, bem como os limites epistêmicos que marcam as falhas dessa tradução, inclusive apropriações e apagamentos. Admitir a vulnerabilidade não como atributo do sujeito, mas como característica das relações sociais, não implica a vulnerabilidade como identidade, categoria ou base para a ação política. Ao contrário, a persistência na condição de vulnerabilidade demonstra que se trata de um tipo próprio de força, distinto daquele que defende a força como conquista da invulnerabilidade. Essa condição de controle reproduz modalidades de dominação que devem ser combatida, e

---

[10] Donna Haraway, *The Companion Species Manifesto* (Chicago, Prickly Paradigm, 2003), e *When Species Meet* (Minneapolis, University of Minnesota Press, 2007).

desvaloriza formas de suscetibilidade e contágio que produzem solidariedade e alianças transformadoras.

Da mesma forma, o preconceito contra a não violência (vista como passiva e inútil) depende implicitamente de uma divisão de atributos por gênero, segundo a qual a masculinidade representa a atividade e a feminilidade representa a passividade. Nenhuma transvaloração desses valores anulará a falácia dessa oposição binária. Na verdade, o poder da não violência, sua força, encontra-se nos modos de resistência a uma forma de violência que, com frequência, esconde seu verdadeiro nome. A não violência expõe o estratagema pelo qual a violência do Estado se defende contra pessoas pretas e pardas, *queers*, imigrantes, sem-teto, dissidentes – como se, juntas, fossem portadoras de destruição e, por "motivos de segurança", precisam ser detidas, encarceradas ou expulsas. A "força da alma" que Gandhi tinha em mente nunca foi totalmente separável de um posicionamento encarnado, um modo de viver no corpo e persistir, justamente quando as próprias condições de persistência estão sob ataque. Às vezes, continuar a existir sob a opressão das relações sociais é a derrota decisiva do poder violento.

Associar uma prática de não violência a uma força ou firmeza que se distingue da violência destrutiva e se manifesta em alianças solidárias de resistência e persistência é recusar a caracterização da não violência como passividade fraca e inútil. Recusar não é o mesmo que não fazer nada. A pessoa em greve de fome recusa reproduzir o corpo do prisioneiro, acusando os poderes carcerários que já atacam a existência do encarcerado. A greve pode não parecer uma "ação", mas afirma seu poder ao excluir o trabalho, que é essencial para a continuidade de uma forma capitalista de exploração. A desobediência civil pode parecer "evasão", mas torna público o julgamento de que certo sistema legal não é justo. Ela exige o exercício de um julgamento extralegal. Transpor a cerca ou o muro erguidos para manter as pessoas do lado de fora é justamente exercer um direito extralegal de liberdade que o regime jurídico existente não prevê em seus termos. Boicotar um regime que perpetua o domínio colonial, intensificando a expropriação, o deslocamento forçado e a supressão de direitos de toda uma população é afirmar a injustiça do regime, é recusar-se a reproduzir seu caráter criminoso como normal.

Para que a não violência escape à lógica de guerra que distingue entre vidas que merecem ser preservadas e vidas consideradas descartáveis, ela precisa se tornar parte de uma política de igualdade. Assim, uma intervenção na esfera da aparência – a mídia e todas as permutas contemporâneas da esfera pública –

é necessária para tornar toda vida enlutável, ou seja, merecedora de sua própria existência, de sua própria vida. Exigir que toda vida seja enlutável é outra maneira de dizer que todas as vidas devem poder persistir em seu viver, sem serem submetidas a violência, abandono sistemático ou destruição militar. Para contra-atacar o esquema de fantasmagoria letal que tantas vezes justifica a violência contra comunidades pretas e pardas, a violência militar contra imigrantes, a violência do Estado contra dissidentes, é necessário um novo imaginário – um imaginário igualitário que capta a interdependência das vidas. Irrealista e inútil, é verdade, mas um caminho possível para criar uma nova realidade que não dependa da lógica instrumental e da fantasmagoria racial que reproduz a violência do Estado. O "irrealismo" desse tipo de imaginário é sua força. Não é apenas o fato de que, em tal mundo, cada vida mereceria ser tratada como igual à vida do outro ou que cada pessoa teria igual direito a viver e se desenvolver – embora essas duas possibilidades tenham de ser reafirmadas. É necessário dar um passo além: "cada um", desde o princípio, fica entregue a outra pessoa, é um ser social, dependente, mas não tem os recursos adequados para saber se essa dependência, necessária à vida, é exploração ou amor.

Não temos de amar uns aos outros para nos engajarmos em uma solidariedade significativa. O surgimento de uma capacidade crítica, da crítica em si, está associado à preciosa e contrariada relação de solidariedade, em que nossos "sentimentos" navegam na ambivalência que os constitui. Sempre podemos desmoronar, por isso lutamos para permanecer juntos. Só assim temos a chance de persistir em um denominador comum crítico: quando a não violência se torna o desejo pelo desejo do outro de viver, uma maneira de dizer: "Você é enlutável, perder você é intolerável, quero que você viva, quero que você queira viver, por isso tome meu desejo como seu desejo, pois o seu desejo já é o meu". O "eu" não é você, mas é inconcebível "sem você" – sem mundo, insustentável. Por isso, tomados de ira ou de amor – amor furioso, pacifismo militante, não violência agressiva, persistência radical –, esperamos viver esse vínculo de maneira que nos permita viver com os vivos, conscientes dos mortos, manifestando perseverança em meio ao luto e à ira, a trajetória instável e controversa da ação coletiva à sombra da fatalidade.

Referências bibliográficas

ACADEMICS FOR PEACE. *Frontline Defenders*. Disponível em: <https://www.frontline defenders.org/en/profile/academics-peace>. Acesso em: 14 maio 2021.

AFRICAN AMERICAN POLICY FORUM. #SayHerName: Resisting Police Brutality against Black Women. *AAPF*, 2015. Disponível em: <https://www.aapf.org/sayhername>. Acesso em: 9 jun. 2021.

ANDERSON, Elizabeth. What Is the Point of Equality? *Ethics*, v. 109, n. 2, 1999. p. 287-337.

ARENDT, Hannah. On Violence. In: _____. *Crises of the Republic*. San Diego, Harcourt, 1972 [ed. bras.: *Sobre a violência*. Trad. André Duarte. 7. ed., Rio de Janeiro, Civilização Brasileira, 2016].

ASAD, Talal. *On Suicide Bombing*. Nova York, Columbia University Press, 2007.

ATHANASIOU, Athena. *Agonistic Mourning:* Political Dissidence and the Women in Black. Edimburgo, Edinburgh University Press, 2017.

BALIBAR, Étienne. Reflections on Gewalt. *Historical Materialism*, v. 17, n. 1, 2009.

_____. *Violence and Civility:* On the Limits of Political Philosophy. Nova York, Columbia University Press, 2016.

BARAD, Karen. Troubling Time/s and Ecologies of Nothingness: Re-Turning, Re-Membering, and Facing the Incalculable. *New Formations*, v. 92, 2017. p. 56-86.

BARGU, Banu. The Silent Exception: Hunger Striking and Lip-Sewing. *Law, Culture, and the Humanities*, 24 maio 2017.

BENJAMIN, Walter. Critique of Violence. In: BULLOCK, Marcus; JENNINGS, Michael (orgs.). *Walter Benjamin:* Selected Writings, v. 1: 1913-1926. Cambridge, Harvard University Press, 2004 [ed. bras.: Crítica da violência – crítica do poder. In: _____. *Documentos de cultura, documentos de barbárie:* escritos escolhidos. Trad. Celeste H. M. Ribeiro de Souza et al. São Paulo, Cultrix/Edusp, 1986].

_____. On Language as Such. In: BULLOCK, Marcus; JENNINGS, Michael (orgs.). *Walter Benjamin:* Selected Writings, v. 1: 1913-1926 [ed. bras.: Sobre a linguagem em geral e sobre a linguagem do homem. In: _____. *Escritos sobre mito e linguagem (1915-1921)*. Trad. Susana Kampff Lages e Ernani Chaves. São Paulo, Editora 34, 2011].

158   A FORÇA DA NÃO VIOLÊNCIA

_____. On the Program of the Coming Philosophy (1918). In: BULLOCK, Marcus; JENNINGS, Michael (orgs.). *Walter Benjamin:* Selected Writings, v. 1: 1913-1926 [ed. bras.: *Sobre o programa da filosofia por vir.* Trad. Helano Ribeiro. Rio de Janeiro, 7 Letras, 2019].

_____. The Task of the Translator. In: BULLOCK, Marcus; JENNINGS, Michael (orgs.). *Walter Benjamin:* Selected Writings, v. 1: 1913-1926 [ed. bras.: A tarefa do tradutor. In: _____. *Escritos sobre mito e linguagem (1915-1921).* Trad. Susana Kampff Lages e Ernani Chaves. São Paulo, Editora 34, 2011].

_____. *Zur Kritik der Gewalt und Andera Aufsätze.* Frankfurt, Suhrkamp, 1965 [ed. bras.: "Para uma crítica da violência", em *Escritos sobre mito e linguagem (1915-1921)*, trad. Susana Kampff Lages e Ernani Chaves, São Paulo, Editora 34, 2011].

BENTOUHAMI-MOLINO, Hourya. *Depot des armes (Le):* non-violence et desobeissance civile. Paris, PUF, 2015.

BERLANT, Lauren; Edelman, Lee. *Sex, or the Unbearable.* Durham, Duke University Press, 2013.

BLACK LIVES MATTER. Race, Policing, and Protest. *Wellesley Research Guides.* Disponível em: <libguides.wellesley.edu/blacklivesmatter/statistics>. Acesso em: 14 maio 2021.

BORCH-JACOBSEN, Mikkel. *The Freudian Subject.* Stanford, Stanford University Press, 1992.

BOYS, Jos (org.). *Disability, Space, Architecture:* A Reader. Nova York, Routledge, 2017.

BROWN, Wendy. *Walled States, Waning Sovereignty.* Nova York, Zone, 2010.

BRUGÈRE, Fabienne. *Care Ethics:* The Introduction of Care as Political Category. Leuven, Peeters, 2019.

BUTLER, Judith. *Antigone's Claim:* Kinship Between Life and Death. Nova York, Columbia University Press, 2000 [ed. bras.: *O clamor de Antígona:* parentesco entre a vida e a morte. Trad. Andre Checinel, Florianópolis, Editora da UFSC, 2014].

_____. *Gender Trouble:* Feminism and the Subversion of Identity. Londres/Nova York, Routledge, 1990 [ed. bras.: *Problemas de gênero:* feminismo e subversão da identidade. Trad. Renato Aguiar, Rio de Janeiro, Civilização Brasileira, 2003].

_____. *Parting Ways:* Jewishness and the Critique of Zionism. Nova York, Columbia University Press, 2012 [ed. bras.: *Caminhos divergentes:* judaicidade e crítica do sionismo. Trad. Rogério Bettoni, São Paulo, Boitempo, 2017].

_____. Rethinking Vulnerability and Resistance. In: BUTLER, Judith; GAMBETTI, Zeynep; SABSAY, Leticia (orgs.). *Vulnerability in Resistance.* Durham, Duke University Press, 2016.

_____. *Subjects of Desire:* Hegelian Reflections in Twenty-Century France. 2. ed., Nova York, Columbia University Press, 1999.

_____. The Big Picture: Protest, Violent, Nonviolent. *Public Books,* 13 out. 2017. Disponível em: <https://www.publicbooks.org/the-big-picture-protest-violent-and-nonviolent/>. Acesso em: 14 maio 2021.

_____. Vulnerability and Resistance. *Profession,* mar. 2014. Disponível em: <https://profession.mla.org/vulnerability-and-resistance/>. Acesso em: 9 jun. 2021.

_____; GAMBETTI, Zeynep; SABSAY, Leticia (orgs.). *Vulnerability in Resistance.* Durham, Duke University Press, 2016.

CALKINS, Mary Whiton. Militant Pacifism. *International Journal of Ethics,* v. 28, n. 1, 1917.

CASSIN, Barbara. To, Auto, H(e)auto, to Auto: The Construction of Identity in Greek. In: _____ et al. *Dictionary of Untranslatables:* A Philosophical Lexicon. Princeton, Princeton University Press, 2014.

CASTORIADIS, Cornelius. *The Imaginary Institution of Society.* Cambridge, MIT Press, 1997 [ed. bras.: *A instituição imaginária da sociedade.* Trad. Guy Reynaud. São Paulo, Paz & Terra, 1982].

CAVARERO, Adriana. *Horrorism:* Naming Contemporary Violence. Nova York, Columbia University Press, 2008.

_____. *Inclinations:* A Critique of Rectitude. Stanford, Stanford University Press, 2016.

_____; SCOLA, Angelo. *Thou Shalt Not Kill:* A Political and Theological Dialogue. Trad. Margaret Adams Groesbeck e Adam Sitze. Nova York, Fordham University Press, 2015.

_____; BUTLER, Judith; HONIG, Bonnie. *Toward a Feminist Ethics of Nonviolence.* Nova York, Fordham University Press, 2021.

CAYGILL, Howard. *On Resistance:* A Philosophy of Defiance. Nova York, Bloomsbury, 2013.

CORNELL, Drucilla. *The Imaginary Domain.* Londres, Routledge, 2016 [1995].

COVER, Robert M. Violence and the Word. *Yale Law School Faculty Scholarship Series*, art. 2.708, 1986. Disponível em: <https://digitalcommons.law.yale.edu/ylj/vol95/iss8/7/>. Acesso em: 9 jun. 2021 [ed. bras.: Violência e a palavra. *Revista da Faculdade de Direito do Sul de Minas.* Trad. Maurício Pedroso Flores. Pouso Alegre, v. 35, n. 2, jul.-dez. 2019].

CRENSHAW, Kimberlé Williams. From Private Violence to Mass Incarceration. *UCLA Law Review*, v. 59, 2012.

CREPON, Marc. *Murderous Consent.* Trad. Michael Loriaux e Jacob Levi. Nova York, Fordham University Press, 2019.

CRIMP, Douglas. Mourning and Militancy. *October*, v. 51, 1989. p. 3-18.

CRITCHLEY, Simon. The Original Traumatism: Levinas and Psychoanalysis. In: KEARNEY, Richard; DOOLEY, Mark (orgs.). *Questioning Ethics*. Nova York, Routledge, 1999.

CROW, Scott (org.). *Setting Sights:* Histories and Reflections on Community Armed Self--Defense. Oakland, PM, 2018.

CVETKOVICH, Ann. AIDS Activism and the Oral History Archive. *Public Sentiments*, v. 2, n. 1, 2003.

DAVID, Henry. *A desobediência civil.* Trad. Sergio Karam. Porto Alegre, L&PM, 2014.

DERRIDA, Jacques. Force of Law: The "Mystical Foundation of Authority". In: _____. *Acts of Religion.* Nova York, Routledge, 2010 [ed. bras.: *Força de lei:* o fundamento místico da autoridade. Trad. Leyla Perrone-Moysés. São Paulo, Martins Fontes, 2007].

DORLIN, Elsa. *Se défendre:* une philosophie de la violence. Paris, La Découverte, 2017 [ed. bras.: *Autodefesa:* uma filosofia da violência. Trad. Jamille Pinheiro Dias e Raquel Camargo. São Paulo, Ubu/Crocodilo, 2020].

ENG, David. Reparations and the Human. *Columbia Journal of Gender and Law*, v. 21, n. 2, 2011.

ENGELS, Friedrich. *Anti-Dühring.* Moscou, Progress, 1947 [ed. bras.: *Anti-Dühring*, trad. Nélio Schneider, Sao Paulo, Boitempo, 2015].

ENGSTER, Daniel. Care Ethics, Dependency, and Vulnerability. *Ethics and Social Welfare*, v. 13, n. 2, 2019.

ERTÜR, Başak. Barricades: Resources and Residues of Resistance. In: BUTLER, Judith; GAMBETTI, Zeynep; SABSAY, Leticia (orgs.). *Vulnerability in Resistance.* Durham, Duke University Press, 2016.

FANON, Frantz. *Black Skin, White Masks.* Nova York, Grove, 2008 [ed. bras.: *Pele negra, máscaras brancas.* Trad. Sebastião Nascimento. São Paulo, Ubu, 2020].

_____. Concerning Violence. In: _____. *The Wretched of the Earth*. Trad. Constance Farrington. Nova York, Grove, 1963 [ed. bras.: Da violência. In: _____. *Os condenados da terra*. Trad. José Laurênio de Melo. Rio de Janeiro, Civilização Brasileira, 1968].

FERNANDES, Leela. Beyond Retribution: The Transformative Possibilities of Nonviolence. In: _____. *Transforming Feminist Practice*. São Francisco, Aunt Lute, 2003.

FINEMAN, Martha. The Vulnerable Subject: Anchoring Equality in the Human Condition. *Yale Journal of Law and Feminism*, v. 20, n. 1, 2008.

_____ et al. Vulnerability and the Human Condition. *Emory University*. Disponível em: <https://web.gs.emory.edu/vulnerability/index.html>. Acesso em: 9 jun. 2021.

FISHER, *Realismo capitalista*. É mais fácil imaginar o fim do mundo do que o fim do capitalismo? Trad. Rodrigo Gonsalves, Jorge Adeodato e Maikel da Silveira, São Paulo, Autonomia Literária, 2020.

FOUCAULT, Michel. *Il faut défendre la société:* Cours au Collège de France (1975-1976). Paris, Seuil, 1976 [ed. bras.: *Em defesa da sociedade*. Trad. Maria Ermantina Galvão. São Paulo, Martins Fontes, 1999].

_____. *Society Must Be Defended*. Trad. David Macey. Nova York, Picador, 2003.

FRAGOSO, Julia Estela Monárrez. Serial Sexual Femicide in Ciudad Juárez: 1993-2001. *Debate Femenista*, v. 13, n. 25, 2002.

FRASER, Nancy; GORDON, Linda. A Genealogy of Dependency: Tracing a Keyword of the US Welfare State. *Signs*, v. 19, n. 2, 1994. p. 309-36.

FREUD, Sigmund. Beyond the Pleasure Principle. In: _____. *The Standard Edition of the Complete Psychological Works of Sigmund Freud*. Trad. James Strachey. Londres, Hogarth, 1886-1974. v. 18 [ed. bras.: *História de uma neurose infantil ("O homem dos lobos"), Além do princípio do prazer e outros textos (1917-1920)*. Trad. Paulo César de Souza. São Paulo, Companhia das Letras, 2010].

_____. Civilization and Its Discontents. In: _____. *The Standard Edition of the Complete Psychological Works of Sigmund Freud*. Trad. James Strachey. Londres, Hogarth, 1886-1974. v. 21 [ed. bras.: O mal-estar na civilização. In: _____. *O mal-estar na civilização*. Trad. Paulo César de Souza. São Paulo, Companhia das Letras, 2011].

_____. Instincts and Their Vicissitudes. In: _____. *The Standard Edition of the Complete Psychological Works of Sigmund Freud*. Trad. James Strachey. Londres, Hogarth, 1886-1974. v. 14 [ed. bras.: Os instintos e seus destinos. In: _____. *Introdução ao narcisismo, Ensaios de metapsicologia e outros textos (1914-1916)*. Trad. Paulo César de Souza. São Paulo, Companhia das Letras, 2010].

_____. Mourning and Melancholia. In: _____. *The Standard Edition of the Complete Psychological Works of Sigmund Freud*. Trad. James Strachey. Londres, Hogarth, 1886-1974. v. 14.

_____. *Psychologie des Unbewussten*. Frankfurt am Main, Fischer, 1982.

_____. The Economic Problem of Masochism. In: _____. *The Standard Edition of the Complete Psychological Works of Sigmund Freud*. Trad. James Strachey. Londres, Hogarth, 1886-1974. v. 19 [ed. bras.: O problema econômico do masoquismo. In: _____. *O eu e o id, "Autobiografia" e outros textos (1923-1925)*. Trad. Paulo César de Souza. São Paulo, Companhia das Letras, 2011].

_____. The Ego and the Id. In: _____. *The Standard Edition of the Complete Psychological Works of Sigmund Freud*. Trad. James Strachey. Londres, Hogarth, 1886-1974. v. 19 [ed. bras.:

In: _____. *O eu e o id, "autobiografia" e outros textos (1923-1925)*. Trad. Paulo César de Souza. São Paulo, Companhia das Letras, 2011].

_____. *The Standard Edition of the Complete Psychological Works of Sigmund Freud*. Trad. James Strachey. Londres, Hogarth, 1886-1974. v. 14.

_____. Thoughts for the Times on War and Death. In: _____. *The Standard Edition of the Complete Psychological Works of Sigmund Freud*. Trad. James Strachey. Londres, Hogarth, 1886-1974. v. 14 [ed. bras.: Considerações atuais sobre a guerra e a morte. In: _____. *Introdução ao narcisismo, Ensaios de metapsicologia e outros textos (1914-1916)*. Trad. Paulo César de Souza. São Paulo, Companhia das Letras, 2010].

_____. Totem and Taboo. In: _____. *The Standard Edition of the Complete Psychological Works of Sigmund Freud*. Trad. James Strachey. Londres, Hogarth, 1886-1974. v. 14 [ed. bras.: Totem e tabu. In: _____. *Totem e tabu, Contribuição à história do movimento psicanalítico e outros textos (1912-1914)*. Trad. Paulo César de Souza. São Paulo, Companhia das Letras, 2012].

_____. Why War? In: _____. *The Standard Edition of the Complete Psychological Works of Sigmund Freud*. Trad. James Strachey. Londres, Hogarth, 1886-1974. v. 22.

FROSH, Stephen (org.). *Psychosocial Imaginaries*. Londres, Palgrave, 2015.

GANDHI, Mahatma. My Faith in Nonviolence. In: _____. *The Power of Nonviolence: Writings by Advocates of Peace*. Boston, Beacon, 2002.

_____. *Selected Political Writings*. Cambridge, Hackett Publishing, 1996. Disponível em: <https://www.mkgandhi.org/ebks/SWMGandhi.pdf>. Acesso em: 14 maio 2021.

_____. The Political Scope of Non-Violence. In: MERTON, Thomas (org.). *Gandhi: On Non-Violence*. Nova York, New Directions, 1965.

GILMORE, Ruth Wilson. *Golden Gulag:* Prisons, Surplus, Crisis, and Opposition in Globalizing California. Berkeley, University of California Press, 2007.

GRAMSCI, Antonio. *Prison Notebooks*. Trad. Anthony Buttigieg. Nova York, Columbia University Press, 1992. v. 1 [ed. bras.: *Cadernos do cárcere*. Ed. e trad. Carlos Nelson Coutinho. Rio de Janeiro, Civilização Brasileira, 2001. v. 4].

GUENTHER, Lisa. *Solitary Confinement:* Social Death and Its Afterlives. Minneapolis, University of Minnesota Press, 2013.

HARAWAY, Donna. *The Companion Species Manifesto*. Chicago, Prickly Paradigm, 2003.

_____. *When Species Meet*. Minneapolis, University of Minnesota Press, 2007.

HARRIS, Adrienne; ARON, Lewis (orgs.). *The Legacy of Sándor Ferenczi:* From Ghost to Ancestor. Nova York, Routledge, 2015.

HEWLETT, Nick. *Blood and Progress:* Violence in Pursuit of Emancipation. Edimburgo, Edinburgh University Press, 2016.

_____. Marx, Engels, and the Ethics of Violence in Revolt. *The European Legacy:* Toward New Paradigms, v. 17, n. 7, 2012.

INTERNATIONAL ORGANIZATION FOR MIGRATION. Mediterranean Migrant Arrivals Reach 113.145 in 2018; Deaths Reach 2.242. *IOM*, 2018. Disponível em: <https://www.iom.int/news/mediterranean-migrant-arrivals-reach-113145-2018-deaths-reach-2242>. Acesso em: 15 maio 2021.

_____. Missing Migrants: Mediterranean – Deaths by Route. Disponível em: <http://missingmigrants.iom.int/region/mediterranean>. Acesso em: 15 maio 2019.

KANT, Immanuel. *The Moral Law:* Groundwork of the Metaphysic of Morals. Trad. H. J. Paton. Nova York, Routledge, 1991.

KLEIN, Melanie; RIVIERE, Joan. Love, Guilt, and Reparation. In: _____. *Love, Hate, and Reparation.* Nova York, Norton, 1964 [ed. bras.: Amor, culpa e reparação. In: _____. *Amor, culpa e reparação e outros trabalhos (1921-1945).* Trad. André Cardoso. Rio de Janeiro, Imago, 1996].

LACAN, Jacques. The Mirror Stage as Formative of the "I" Function. In: _____. *Écrits.* Trad. Bruce Fink. Nova York, Norton, 2006. p. 75-81 [ed. bras.: O estádio do espelho como formador da função do eu. In: _____. *Um mapa da ideologia.* Trad. Vera Ribeiro. Rio de Janeiro, Contraponto, 1996].

LAPLANCHE, Jean; PONTALIS, Jean-Bertrand. *The Language of Psycho-Analysis.* Nova York, W. W. Norton, 1967 [ed. bras.: *Vocabulário da psicanálise.* Trad. Pedro Tamen. São Paulo, Martins Fontes, 1982].

LORAUX, Nicole. *Mothers in Mourning.* Trad. Corinne Pache. Ithaca, Cornell University Press, 1998.

LUTHER KING JR., Martin. *Stride Toward Freedom:* The Montgomery Story. Nova York, Harper, 1958.

MALABOU, Catherine. One Life Only: Biological Resistance, Political Resistance. *Critical Inquiry*, v. 42, n. 3, 2016.

MARX, Karl. *Writings of the Young Marx on Philosophy and Society.* Lloyd Easton e Kurt Guddat (orgs.). Nova York, Anchor, 1967 [ed. bras.: *Manuscritos econômico-filosóficos.* Trad. Jesus Ranieri. São Paulo, Boitempo, 2010].

MBEMBE, Achille. *Necropolitics.* Durham, Duke University Press, 2019 [ed. bras.: *Necropolítica.* Trad. Renata Santini. São Paulo, n-1, 2019].

_____. Necropolitics. *Public Culture*, v. 15, n. 1, 2003. p. 11-40 [ed. bras.: Necropolítica. *Arte e Ensaios*, v. 2, n. 32, 2016].

MEMMI, Albert. *La Dépendance:* Esquisse pour un portrait du dépendant. Paris, Gallimard, 1979 [ed. estadunidense: *Dependence:* A Sketch for a Portrait of the Dependent. Trad. Phillip A. Facey. Boston, Beacon, 1984].

MUÑOZ, José Esteban. *Disidentifications:* Queers of Color and the Performance of Politics. Minneapolis, University of Minnesota Press, 1999.

MURJI, Karim; SOLOMOS, John (orgs.). *Racialization:* Studies in Theory and Practice. Oxford, Oxford University Press, 2005.

NATHAN, Otto; NORDEN, Heinz (orgs.). *Einstein on Peace.* Auckland, Pickle Partners, 2017.

OMI, Michael; WINANT, Howard. *Racial Formation in the United States.* 3. ed., Londres, Routledge, 2015.

PATEMAN, Carole. *The Sexual Contract.* Stanford, Stanford University Press, 1988 [ed. bras.: *O contrato sexual.* Trad. Marta Avancini. São Paulo, Paz & Terra, 1993].

_____ et al. The Sexual Contract Thirty Years On: A Conversation with Carole Pateman. *Feminist Legal Studies*, v. 26, n. 1, 2018. p. 93-104.

PERONI, Lourdes; TIMMER, Alexandra. Vulnerable Groups: The Promise of an Emerging Concept in European Human Rights Convention Law. *International Journal of Constitutional Law*, v. 11, n. 4, 2013. p. 1.056-85.

RASMUSSEN, Kim Su. Foucault's Genealogy of Racism. *Theory, Culture, and Society*, v. 28, n. 5, 2011. p. 34-51.

REDDY, Chandan. *Freedom with Violence:* Race, Sexuality, and the US State. Durham, Duke University Press, 2011.

ROSE, Jacqueline. Negativity in the Work of Melanie Klein. In: _____. *Why War?* Psychoanalysis, Politics, and the Return to Melanie Klein. Londres, Blackwell, 1993.

_____. *The Last Resistance*. Londres, Verso, 2007.

ROUSSEAU, Jean-Jacques. *The Political Writings of Jean-Jacques Rousseau*. Cambridge, Cambridge University Press, 1915. 2 v.

ROUSTANG, François. *Qu'est-ce que l'hypnose?* Paris, Minuit, 1994.

SADLER, Gregory. Five States of Nature in Hobbes's Leviathan. *Oxford Philosopher*, 1º mar. 2016.

SAGOT, Montserrat. A rota crítica da violência intrafamiliar em países latino-americanos. In: MENEGHEL, Stela Nazareth et al. *Rotas críticas:* mulheres enfrentando a violência. São Leopoldo, Ed. Usinos, 2007. p. 23-50.

SHARP, Gene. *How Nonviolent Struggle Works*. Boston, The Albert Einstein Institution, 2013 [ed. bras.: *Como a luta não violenta funciona & Autolibertação*. Trad. André Gonçalves Fernandes. Campinas, Vide, 2020].

STAROBINSKI, Jean. *Jean-Jacques Rousseau:* Transparency and Obstruction. Chicago, University of Chicago Press, 1988 [ed. bras.: *Jean-Jacques Rousseau:* a transparência e o obstáculo. Trad. Maria Lucia Machado. São Paulo, Companhia das Letras, 2011].

STATISTA RESEARCH DEPARTMENT. Countries with the Highest Number of Murders of Trans and Gender-Diverse People in Latin America from October 2018 to September 2019. Nov. 2019. Disponível em: <https://www.statista.com/statistics/944650/number-trans-murders-latin-america-country>. Acesso em: 9 jun. 2021.

STOLER, Ann. *Race and the Education of Desire*. Durham, Duke University Press, 1995.

STRANGIO, Chase. Deadly Violence against Transgender People Is on the Rise. The Government Isn't Helping. *ACLU*, 21 ago. 2018. Disponível em: <https://www.aclu.org/blog/lgbtq-rights/criminal-justice-reform-lgbtq-people/deadly-violence-against-transgender-people>. Acesso em: 9 jun. 2021.

SYRIAN NETWORK FOR HUMAN RIGHTS. Eight Years Since the Start of the Popular Uprising in Syria, Terrible Violations Continue. Disponível em: <https://sn4hr.org/blog/2019/03/11/53423/>. Acesso em: 9 jun. 2021.

THOREAU, Henry David. *A desobediência civil*. Trad. Sergio Karam. Porto Alegre, L&PM, 2014.

THORNTON, Christy. Chasing the Murderers of Ayotzinapa's 43. *Nacla*, 17 set. 2018. Disponível em: <https://nacla.org/news/2018/09/17/chasing-murderers-ayotzinapa's-43>. Acesso em: 28 maio 2021.

TRONTO, Joan C. *Caring Democracy:* Markets, Equality, Justice. Nova York, New York University Press, 2013.

_____. *Moral Boundaries:* A Political Argument for an Ethic of Care. Nova York, Routledge, 1994.

UNITED NATIONS HIGH COMMISSIONER FOR REFUGEES. Statelessness around the World. *UNHCR*. Disponível em: <https://www.unhcr.org/ibelong/statelessness-around-the-world/>. Acesso em: 9 jun. 2021.

UNIVERSITY OF PENNSYLVANIA LIBRARIES GUIDES. Gezi Park Protests 2013: Overview. Disponível em: <guides.library.upenn.edu/Gezi_Park>. Acesso em: 11 jun. 2021.

WEBER, Max. Politics as a Vocation. In: _____. *From Max Weber:* Essays in Sociology. Trad. H. H. Gerth e C. Wright Mills. Oxford, Oxford University Press, 1946 [ed. bras.: *A política como vocação*. Trad. Maurício Tragtemberg. Brasília, Ed. UnB, 2003].

WILCOX, Lauren. *Bodies of Violence:* Theorizing Embodied Subjects in International Relations. Oxford, Oxford University Press, 2015.

WINTER, Yves. Debating Violence on the Desert Island: Engels, Dühring and Robinson Crusoe. *Contemporary Political Theory*, v. 13, n. 4, 2014.

YOO, John. Memorandum for William J. Haynes II. Re: Military Interrogation of Alien Unlawful Combatants Held Outside the United States. *US Department of Justice Office of Legal Counsel*, 14 mar. 2003. Disponível em: <aclu.org/files/pdfs/safefree/yoo_army_torture_memo.pdf>. Acesso em: 9 jun. 2021.

ÍNDICE

A
"Academics for Peace", 21
agressão, 25, 33-4, 37-39, 43, 45-6, 54, 62-3, 66, 73-4, 76, 78-9, 80-2, 99, 101, 117-9, 121, 124, 127-8, 142, 144-5
ambivalência, 59-60, 78, 85, 88, 90, 119--20, 123, 128, 135, 139-40, 155
amor, 45, 55-6, 63, 73, 79-82, 85-7, 90, 119, 128-30, 135, 137, 139-40, 141, 155
  e culpa, 81-2, 84
  e ódio, 79, 82, 90, 119, 128, 139
autodefesa, 21, 24, 26-30, 54-6, 61, 99, 116, 118

B
Black Lives Matter, 21, 26, 35

C
capacidade crítica, 121, 129-32, 134, 142, 155
consciência, 28-9, 78, 84, 132, 135
corpo, 19, 25, 30, 33-4, 44, 50, 52-3, 59, 86, 95, 112, 116, 119, 136-8, 149-52, 154
crítica, 22, 25, 29, 31, 35, 37, 40, 43, 46, 52, 69, 102, 104, 106, 109, 113-4, 116--9, 155
culpa, 79, 80-4, 87, 107

D
Daily Resistance, 149
"dano colateral", 61, 77
demografia, 56-7, 90

dependência, 39, 44-8, 50-3, 60, 82-8, 141, 151-2, 155
direito ao luto, 26, 30, 34, 37, 46, 57-60, 70-1, 74, 90-3, 95, 98, 101, 108, 116, 119, 150

E
estado de natureza, 39-41, 43-4, 52, 59, 64, 103, 110
eu, 24-7, 29, 54-6, 96, 120, 129, 132, 153

F
feminícidio, 144-6, 148

H
"homem de pé", 150

I
identificação, 56, 79-82, 87, 132-4, 138-9
igualdade, 29-30, 33, 35, 37-9, 46, 49-51, 57-9, 60-1, 68, 70-1, 87-8, 90-2, 110, 115-9, 134, 142, 148, 154
individuação, 46
individualismo, 24-5, 29-30, 35, 37-8, 46-7, 49, 69, 119, 151-2
interdependência, 29-30, 33, 35, 38, 46, 48-54, 58-61, 90, 115, 119, 155
inter-relacionalidade, 30
irrealismo, 134-5, 155

L
lábios costurados, 22
laço social, 25, 45, 54, 59, 61, 66, 69, 74, 78, 82-3, 85, 90, 101, 118-20, 128, 140

lamento pelo luto, 69-71, 80, 88, 91, 128, 131

lógica de guerra, 61, 92-3, 115, 154

M

mania, 121, 130-5, 137-8, 142

melancolia, 128, 131-4, 138-9

N

nacionalismo, 56, 62, 123, 127, 138, 142

não violência, 19-20, 22-6, 28-31, 33-5, 37-8, 45-6, 52, 54, 56-63, 69, 72, 77, 89-90, 97, 104-7, 109-10, 113-7, 119-20, 135, 141, 153-5

não violência agressiva, 33, 37, 46, 155

e crítica, 35

e igualdade, 30, 33, 57-8

Ni Una Menos, 145, 147

O

obrigações globais, 49, 51, 53, 153

P

paternalismo, 66, 153

phantasia, 42-3, 60, 74, 79-83, 85

população, 51, 58, 61, 66, 89-91, 94-5, 97, 100, 103, 116, 122, 154

populações migrantes, 101, 115

"populações vulneráveis", 67, 144, 147

precariedade, 35, 50, 59, 147, 151

proibição, 54, 57-8, 60-1, 131

psicanálise, 47, 52, 66, 73, 75, 89

esquema histórico-racial, 95-6, 98, 101

fantasmagoria social, 116, 155

pulsão de morte, 77-8, 84, 121-2, 124-7, 129-32, 135, 140-2

Q

quadros de referência, 20, 28, 30, 56, 61-2, 107, 109-114, 148

oscilação dos, 110, 113

R

relativismo, 22-3, 109, 113

reparação, 79, 81, 83-4, 123, 146

resistência, 23-4, 33-5, 37-8, 77, 91, 97, 114, 132, 134, 138-9, 143, 146-8, 150, 154

S

salvaguarda, 61, 68, 83, 86-7, 98, 101, 115, 118

Sagot, Montserrat, 145

soberania, 41, 93, 95, 110, 136-8

substitutibilidade, 74

superego, 45-6, 76-8, 84, 129-134, 142

T

tradução, 105-7, 111, 125, 131, 154

V

vida, 26-7, 29-31, 35, 38, 40, 43, 46-7, 49-50, 52-3, 57-63, 65-72, 74-5, 77-8, 82-98, 100-1, 107-8, 112-3, 115-20, 124-7, 130, 132-4, 136, 138-42, 149-55

pró-vida, 57, 93, 119

processos vivos, 58, 71, 115, 151-2

vida não humana, 152

violência, 19-35, 37-9, 42-6, 48-50, 54-63, 66-7, 71, 75, 77, 87, 89-90, 94, 96-7, 99-120, 126-7, 131, 133-8, 141-7, 149-51, 153-5

como meio, 28, 32, 40, 102

do Estado, 20-2, 94, 110, 116-7, 138, 154-5

e agressão, 25, 33, 43, 46-7, 69, 82

e práticas de nomenclatura, 103

física, 19, 112

institucional, 60, 113

jurídica, 42, 104, 107, 109, 111-2, 114

policial, 96, 99-100, 155

sexual, 20, 112, 127, 145-6

sistêmica, 19, 27

vulnerabilidade, 48, 50, 68, 88, 93, 143-5, 147-9, 152-3

ESTE LIVRO FOI IMPRESSO DOIS MESES APÓS A CHACINA DO JACAREZINHO, OPERAÇÃO POLICIAL MAIS LETAL DA CIDADE DO RIO DE JANEIRO, QUE TEVE COMO RESULTADO DEZENAS DE MORTOS. A Polícia Civil negou ter havido irregularidades na ação da polícia e defendeu que os policiais agiram em legítima defesa – dos 29 mortos, apenas 1 fazia parte da corporação. Composto em Adobe Garamond Pro, corpo 11/14,3, **A FORÇA DA NÃO VIOLÊNCIA** foi impresso em papel Avena 80 g/m², pela Rettec, para a Boitempo, com tiragem de 5 mil exemplares.

VISTA PARCIAL DO JACAREZINHO, ZONA NORTE DA CAPITAL FLUMINENSE.

Junius @ Wikimedia Commons